弗雷德里希·海耶克

張楚勇——著

導言

◆哲學與政治

每年十一月的第三個星期四，是「世界哲學日」。

聯合國科教文組織（UNESCO）訂立這個日子，賦予了哲學這歷史最悠久的人類知識探索活動嶄新且重大的國際使命：促進不同文化之間的理解，從而學習如何共存，攜手尋求國際社會當前所面臨的各種政治、經濟與環境的共同挑戰。

且看二〇一二年世界哲學日當天，科教文組織總幹事博科娃（Irina Bokova）的發言：

> 面對錯綜紛雜的當今世界，哲學思考首先需要我們謙卑下來，從

自己立場退後一步，參與理性的對話，並針對我們所無法左右的挑戰，共同提出應對的措施……我們遇到的困難愈大，愈需要通過哲學來理解和平與持續發展的問題。

……哲學的多樣化是我們培養兼具包容與寬容的全球公民意識之最大財富。面對無知以及不寬容的泛起，哲學有助於相互理解。

我們會發現，哲學不但被賦予了一個推動世界和平與人類永續發展的重任，也肩負著促進全球公民意識的使命。

哲學之所以能承擔、回應人類共同問題的首要理由，在於作為一種反思活動，以自身想法或錯誤為前提，因此在智識上必須謙卑，再展開與異己的真誠對話。一方面分析、挑戰人類共同未來的重大問題之癥結所在，一方面排除自己的盲點，並確認彼此的看法與價值排序，從而確立可能的出路與選項。

政治（Politics）一詞淵源於古希臘的「城邦」（Polis）概念，對柏拉圖與亞里斯多德等人而言，對政治的探討就是對於正義國度的追尋。

現代主權國家的政治發展出比過去更複雜多元的面貌，研究者思考的政治現象涵蓋巨觀的統治原則到微觀的身體規訓，而致力於思索政治「應然面」的政治哲學因此有其急迫性。舉凡新科技帶來的各種倫理議題、全球暖化與貧富差距的加劇、國際間的互動原則以及經濟危機時的互助合作、共同和平的維護與人類尊嚴的捍衛，乃至戰爭期間與之後重建過程的正義，全都涉及了「自由」、「平等」、「正義」等核心概念。

結合了上述兩者的政治哲學，正是對政治的本質與其相關概念的系統探究，關乎自由、平等、民主、主權、權威、正義、意識形態……等等。儘管這世界的現象流變不息，我們還是可以透過掌握政治哲學的基本面貌，掌握一切最根本思考的基礎。

◆政治哲學的翅膀

對亞里斯多德這些古代哲人而言，政治哲學的必要無庸置疑，因為它與人類理性動物的本質以及幸福人生的追求密不可分。

我們如果無法掌握政治哲學的核心概念與論述，恐怕難以清楚把握二十世紀迄今的重大社會變遷，諸如：法西斯政權的崛起、極權體制裡的平庸之惡、冷戰的意識形態對峙、全球青年的造反與叛逆、種族與性別平等的追求、全球化與新自由主義的逆襲、宗教基本教義與極右派勢力的崛起、數位利維坦與監控社會的誕生……等等。在愈趨渾沌的時代裡，我們愈需要政治哲學的洞見。

政治哲學將促進我們表達自身立場和參與國際對話的能力，善盡我們身為國際社會或世界公民社會一分子的責任。更重要的是，政治哲學素養的普遍提升，能夠讓一國之內意見相左甚至對立的公民進行理性的對話、走出對立，且能在清楚各種選項以及價值排序的前提之下，尋求真正的共識或適當的妥協。

本叢書正是在如此背景與期待下誕生，分為兩系列，第一個系列以思想家為主題。意在為讀者開啟一扇門，深入一個思想家的人生與思想歷程，見證一個心靈的偉大，見證一個時代的發展。

第二個系列則以觀念為主題。柏林曾引述德國詩人海涅的話語，指出觀念的威力足以摧毀一個文明，因而用觀念史的眼光、以觀念為軸心，考掘與爬梳政治哲學中的核心概念，考察它在跨時代背景下的發展與影響，得以讓我們掌握哲學漫長的歷史演變、內涵，分析人類共同未來的重大問題之癥結所在。

◆人類真的可以活在一個沒有政治的世界嗎？如果不可能，那什麼才是更好的政治？

無論最終的解答是什麼，我們都需要為自己的想像力安上翅膀，而那雙翅膀就是思想的洞見。

當人們開始想像集體美好的可能，政治的哲思就開始了運作，政治哲學就不再是多餘的頭腦體操，而是一種必要。

一九七一年，在反體制的熱潮裡，約翰・藍儂吟唱出了他的〈想像〉（Imagine），要眾人認真地想像一個沒有宗教、國家、戰爭與私人財產的未來。

雖說我們可能也如藍儂唱的那樣，始終是個「夢想家」（Dreamer），但在清楚各種選項以及價值排序的前提之下，尋求真正的共識或適當的妥協，確是歷來夢想家，也是未來夢想家們鍥而不捨追求的最完美境地。

——獻給更美好的未來。

目次

弗雷德里希・海耶克

弗雷德里希・海耶克

| 第一章 |

學界巨人的養成

◆思想大師

西方的政治思想概括來說，從古希臘至今約可分成兩大階段。第一個階段是從哲人柏拉圖以降，至十五、十六世紀的「古典時期」：此期間主導的政治理念是「善治」，也就是認為，透過理性思辨和道德追尋，人類社群的理想應當是去實現至善的秩序。第二個階段則是從《君主論》撰述者馬基維利、《利維坦》作者霍布斯活躍的年代算起至今的「現代時期」：其主導的理念是包含尊重個體性和自由的和平共存，認為政治社群的存在，就是要公正地建構起社會通則（共同規則）和程序，使個人及其意志在不侵犯他人權利的前提下得以各自發揮。

待到十七、十八世紀科學理性大行其道之後，更出現了某些看法，認為人類經由科學知識增長和理性引導歷程，可以打破傳統中諸多迷信禁忌，並能透過不斷加強對自然界的人為控制，來造福社群、更充分的實現自由。後來便在這樣的大傳統下，伴隨近現代民族國家興起所帶來錯綜複雜的歷史牽引，一步步地鋪造出西方的政治思潮。

海耶克（Friedrich August von Hayek, 1899-1992）正是二十世紀西方古典自由主義的代表思想家之一，他一生從事跨學科的探索，整合經濟學、方法學、理論心理學、政治學、思想史、法哲學等學理，建構出一套發人深省的社會哲學。此外，他更為個人自由、自由市場法則等主張尋找理論根據強化辯護，論證何以中央規畫、高度集權、迷信科學理性萬能的社會主義非僅是通往奴役之路，尤且在理論上得以論證出是不可能成立的。

儘管海耶克於一九三〇年代經濟學界早已享有盛名，其思想主張在他人生中頭七十多年卻一直不為西方主流學派所接受。然而他擇善固執、不隨波逐流，直到一九八九年柏林圍牆被推倒，東歐社會主義集團崩潰以至蘇聯解體，人們才驚歎海耶克終身堅持的學說蘊含了一番深邃洞見，而這套思想理論至今仍非常具有啟發性。

◆貴族的後裔

一八九九年五月八日，海耶克誕生在維也納一個知識分子家庭，祖父和父親都是著名的生物學家。他的曾曾祖父是成功的企業家，經營紡織事業，對當地社區發展頗具貢獻，一七八九年獲神聖羅馬帝國皇帝兼奧地利大公的約瑟夫二世（Josef II）封為貴族。海耶克的德文全名中有「von」這個銜詞，便是源於曾曾祖父的封爵。

海耶克的母親來自維也納的富裕家庭。他的外祖父為奧國的高級政府官員，亦是蜚聲國際的統計學教授，與城內知識階層交往密切，還在維也納中心地帶擁有一所內含十個房間的居宅。海耶克年少時常流連外祖父家，也就在這裡結識了奧地利經濟學派第二代傳人之一的龐巴衛克。龐巴衛克是海耶克外祖父的好友，經常相約爬山。

◆烽火中學習

中學時的海耶克十分聰明，但也是個懶惰的學生。據他自己所說，他曾被迫兩度轉學，高中一年級時還因為拉丁文、希臘文、數學三科目同時不及格，慘遭留級。

一九一四年歐戰爆發，隨著戰事吃緊，尚在念高中的海耶克一九一七年三月被徵召入伍，跟奧匈帝國的陸軍野戰砲兵隊前進義大利戰場。翌年十月，奧匈帝國大軍兵敗如山倒，海耶克所在部隊進行了兩輪的撤退行動，期間由於他染上了瘧疾，最後被遣回維也納。

海耶克早年受家庭的影響，對生物學格外感興趣，經常幫父親搜集罕見生物的標本，並拍照做紀錄，日後更愈來愈關注演化理論。然而一場歐戰，卻徹底地把海耶克的學習興趣從自然科學轉移到社會科學去。海耶克回憶這場大戰時說道，戰場上的奧匈帝國部隊，由不同民族組成，混雜著十一種語言，在當時民族主義興起的背景下，他看著多民族的奧匈帝國走向瓦解，不由得深深關注起維繫政治群體的問題：例如，究竟是什麼因素把不同的個體連在一起，形成一個政治社群或邦國的呢？政治上的我者和他者的劃分是基於什麼因素造成的呢？另外，他也表示，自己置身義大利戰場時才決定日後要研習經濟學，特別是讀到奧地利經濟學派創立人卡爾．門格爾的《國民經濟學原理》（*Principles of Economics*）一書時，更為他的論說著迷。

海耶克退役後，回到維也納大學攻讀法學和經濟學，一九二一年順利取得法哲學博士學位，兩年後獲頒政治科學博士學位。

◆跟隨米塞斯

維也納有「音樂之都」美稱，二十世紀初更可謂是歐洲文化之都，主導了西方分析哲學數十年之久的邏輯實證論倡導者維也納學派，便是在一九二〇至一九三〇年代活躍於此地。海耶克所屬的奧地利經濟學派中，對創立「邊際效用」和「主觀價值理論」兩套論述貢獻良多的頭三代代表人物，包括門格爾（1840-1921）、維塞爾（1851-1926）、龐巴衛克（1851-1914）、路德維希．馮．米塞斯（1881-1973）等，都在維也納發展他們的經濟學論說。所謂的「邊際效用」，乃反對古典經濟學中勞動價值論的說法，認為物品價值是人際之間一種主觀心理現象，根源於效用，以物品稀缺性為基準。人對物品的慾望往往隨慾望一次次獲滿足而遞減，倘若物品數量無限，慾望能夠完全得到滿足，慾望強度就會遞減到零。

維塞爾是海耶克大學三年級時的經濟學受業老師，而米塞斯雖不曾在課堂內教導過海耶克，但海氏一九二一年畢業後便跟從米塞斯主事的公營部門從事經濟學研究工作。海耶克更參與米塞斯每隔兩週於下班後，在辦公室和十幾名年輕學子與留學生就經濟學理論、方法學相關議題進行的座談會，熱烈的討論由辦公室延續到晚餐桌上，又意猶未盡再轉移到咖啡店裡，直至深夜為止。從一九二四到一九三〇年間，海耶克都是這個座談會的定期參與者，態度十分積極。

對深受米塞斯影響、日後被視作奧國經濟學派第四代領頭人的海耶克來說，參與座談會也讓他認識了包括哈伯勒、馬克盧普、奧斯卡・摩根斯坦在內一批各有所成的年輕經濟學者。儘管維也納戰後百廢待舉，像一九二〇年冬天維也納大學甚至資源匱乏到沒有煤炭供應而必須臨時關閉，但此處終究人傑地靈，培育出一批又一批領風騷的思想家和大師級人物。

海耶克日後能成為跨學科的思想大師，可說和當時維也納大學學風頗有關係，那時學風對學生有一種期望，就是作為大學生，不應只囿於自己的專業學問。所以海耶克在修讀經濟和法學課程外，也花了相當時間旁聽其他學科如藝術史、古希臘劇等。而維也納大學和主流德語大學一樣，除了全職教授外還有很多「業餘教授」（Privatdozent，又可稱「私講師」），也就是取得在大學正規課程外講課資格的老師，他們開設各式各樣的課程。據海耶克形容，當時課程的選擇多不勝數，差不多每位講師都是出類拔萃的角色，否則便沒有學生修讀他的課。

大學時的海耶克對心理學也深感興趣，曾在一九一九年底冬天跑到蘇黎世一所著名人腦解剖學的實驗室學習。他畢業前完成了一篇哲學心理學論文草稿，內容是關於外來刺激如何透過人的神經系統，讓大腦和心靈經過分類、類比程序，轉化為各種心理認知及概念。可是，由於維也納大學兩位重要心理學教授在戰時辭世，餘下的一位也患重病，所以海耶克當時沒能進一步在心理學上發展，但他在撰寫此篇論文草稿時，懷疑起當時在自然科學方法上影響如日中天的恩斯特·馬赫的理念大有問題。海耶克相關的看法，成為了日後其社會科學方法論上的重要基礎，這篇草稿也是他一九五二年所出版《感覺秩序：理論心理學基礎的探索》（*The Sensory Order: An Inquiry into the Foundations of Theoretical Psychology*）一書的藍本。

海耶克於一九二三年三月造訪美國，待到一九二四年初。他有系統地研究聯邦儲備制度的發展和美國當時的貨幣政策，並搜集中歐主要國家的經濟資料，從中留意到關於工業波動及周期等問題。返國後海耶克繼續跟隨米塞斯工作。米塞斯在一九二七年成立了奧地利商業周期研究所，邀海耶克出任研究所主任。這時期的海耶克是名專業經濟學家，針對一九二九年經濟大蕭條的研究，奠定了他日後在貨幣理論和貿易周期理論的權威地位，邁出走向諾貝爾經濟學獎的一大步。

◆藏不住的早慧天才

二十多歲時的海耶克主要用德文寫作，陸續發表了重要的經濟學論文，這些早期著作引來當時倫敦經濟學院諳德文的利奧尼爾．羅賓斯教授關注。海耶克這時期的主張簡略地說，是認為：

一、價格制度，乃是經過時間來動態地協調市場上的經濟活動。

二、價格或利息的真正或自然數量／比率，若是透過刻意增加或減少貨幣供應量而受到歪曲，將導致經濟失衡。

三、這種歪曲帶來的影響不單會改變市場上一般價格水準，更會誤導企業的投資決定和貨品的生產模式及建構，最後導致供應與需求的分配錯誤。

四、此種不平衡，必須等到市場來一次大調整才能恢復。

海耶克指出，在上述情況下，貿易出現一盛一衰的周期自是無法避免的。

羅賓斯這個經濟系主任十分贊同海耶克的分析，同時也明白到此位著重微觀經濟學基礎的奧地利學者之主張，正可用來抗衡當時由劍橋大學的凱因斯所提出且愈來愈風行的主張政府可以在需求不足時對市場進行干預的「宏觀貨幣理論」學說。一九三一年，羅賓斯便邀請海耶克到學院來演講，再請他擔任訪問學人，一年之後正式聘為講座教授。海耶克在英國的學術生涯，因此開展了。

海耶克在倫敦經濟學院任職到一九五〇年，才轉往美國的芝加哥大學任教。留英期間，海氏泰半待在倫敦。二次大戰爆發後，倫敦經濟學院撤退到劍橋，那段時間他主要在劍橋大學的國王學院授課。

最先有系統地把海耶克的思想介紹來華人知識界，並且直接影響了胡適和殷海光對自由主義之看法的周德偉，便是在一九三三年來到倫敦經濟學院，受業於羅賓斯和海耶克。聞名國際的華人經濟學家蔣碩傑，一九四〇年代也在劍橋跟隨海耶克學習貨幣理論。海氏的第三位華人學生林毓生，則是一九六〇年芝加哥大學博士生。林毓生一九八三年出版《思想與人物》一書中，有篇名為〈海耶克教授〉的文章，生動地把這位大學者令人敬重的行誼表述出來。林毓生文中數次提到，在他們師生往來問學期間，海耶克若從林毓生那裡發現到值得注意的參考文獻或論述，都會徵詢這位學生的意見，並把文獻立刻記錄下來。其中一次更提及某年元旦，林毓生沒留意時刻，延誤了跟老師約好的談話時段，當匆忙趕赴海耶克的研究室時，已在那裡靜候遲到學生的老師竟還抱歉說他臨時要赴機場迎接來訪的女兒，想取消會談但日前找不到林毓生，只好在現場通知另約談話時間。學生對老師這些行誼佩服之餘，肯定從其身教中得益不淺。

海耶克晚年時表示，英國的生活及知識界氛圍最合他性格，亦教他最認同。他更進一步提到，倫敦經濟學院儘管由傾向溫和社會主義的知識分子所創立和主持，但他們大部分皆非教條主義者，並且十分尊重理念不同卻能獨立思考、有創見的學者。一九四六年海耶克成功地把卡爾．波柏從紐西蘭引介到倫敦經濟學院的哲學系任職，便是一個例子。學院裡近二十年學術生涯，海耶克自認為是他一生中在知識上最活躍，也是生活上最愜意的日子。他尤其愛身處劍橋的英式生活。

◆超越時代的學說

旅英時期海耶克接連以英文發表了重要的經濟學著作，例如：

《價格與生產》（*Prices and Production*, 1931）

《貨幣理論與貿易周期》（*Monetary Theory and the Trade Cycle*, 1933）

《貨幣民族主義和國際穩定》（*Monetary Nationalism and International Stability*, 1937）

《利潤、利息與投資》（*Profits, Interest and Investment*, 1939）

《純資本理論》（*The Pure Theory of Capital*, 1941）

加上他一九三五年為批評社會主義經濟理論而編著的《集體主義經濟規畫》（*Collectivist Economic Planning*），這些書可說奠定了他在經濟學界的領導地位。

一九三〇年代，他和凱因斯就宏觀理論和微觀理論、就業和總體需求間的關係爆發了著名的經濟理論論戰，轟動經濟學界。雖然當時主流經濟學界其他一些領導學人，例如詹姆斯·米德和約翰·希克斯等傾向接受凱因斯的學說，因此學界一般認為海耶克輸了這場論戰。惟在二次大戰後西方國家採取了凱因斯的學說，推行其調控政策，導致一九七〇年代出現通脹和失業同時上升的滯脹（Stagnation）困境，人們反過來思考海耶克對凱因斯在幾十年前的批評是否有先見之明，間接助他在一九七四年成為最早期獲諾貝爾經濟學獎的一位自由市場經濟學家。

一九四八年出版的《個人主義與經濟秩序》（*Individualism and Economic Order*）一書，在海耶克的思想發展上具有里程碑意義。這本書收集了海耶克一九三七年發表的〈經濟學與知識〉（"Economics and Knowledge"），文章被廣泛認為是海氏在經濟學上最有原創貢獻的。從這篇文章起，海耶克日漸察見到純經濟理論的不足，認為要真的了解人類社會發展和自由市場得以運作的基礎，必須從經濟學領域擴展到社會、政治哲學及知識論的範疇。因此，海耶克於一九四一至一九四四年間，在他主編的《經濟學報》（*Economica*）上先後發表了〈科學主義與社會研究〉（"Scientism and the Study of Society"）以及〈科學的反革命〉

（"The Counter-Revolution of Science"）兩篇長文，批評唯理主義。這兩篇文章加上一篇論述孔德和黑格爾的文章在一九五二年合編成《科學的反革命：對濫用理性的研究》（*The Counter-Revolution of Science: Studies on the Abuse of Reason*）一書。與此同時，海耶克最為人知的著作《通往奴役之路》（*The Road to Serfdom*）在一九四四年戰爭期間寫成出版，標誌著海氏思想從純經濟學往政治和社會哲學的轉向。

《通往奴役之路》出版後在英美兩地引起巨大回響，透過《讀者文摘》的摘要轉載推波助瀾，《通往奴役之路》更成為暢銷書。海耶克一時之間聲名大噪，但卻也使不少他的經濟學同行認為，海氏已放棄了他的純經濟學專業，變成「不務正業」的評論人。不過，《通往奴役之路》的成功也吸引到世界各國關注戰後自由世界何去何從的個人和組織，願意大力支持、參加海耶克在一九四七年所成立，為宣揚自由以及重新吸納德國自由派知識分子的「蒙帕萊學會」（Mont Pelerin Society，亦稱「朝聖山學會」）。海耶克在頭十二年出任學會的會長，這個國際學會一直維持至今，二〇一四年的會議便是在香港舉行。

◆個人生活與情感

海耶克一九五〇年加入芝加哥大學的社會思想委員會，直至一九六二年退休，才到了德國的佛萊堡大學任教。在美國期間，他於一九六〇年出版了重新闡述古典自由主義的鉅著《自由的憲章》（*The Constitution of Liberty*）。此外，前文提到的《感覺秩序》也是在這個時期出版的。一九五一年，海耶克彙編十九世紀自由主義大師約翰・米爾和他的夫人哈麗葉・泰勒間往復的書信成書（*John Stuart Mill and Harriet Taylor: Their Correspondence [i.e. friendship] and Subsequent Marriage*）。此書屬思想史範疇，除了研究米爾是怎樣受到泰勒的影響，使其後期逐漸傾向社會主義思潮頗有參考價值之外，對海耶克個人來說也獨具意義。泰勒女士認識米爾以前已是他人之妻，兩人相識後一見如故，在思想交流中更是高山流水，彼此深覺相逢恨晚。後來泰勒女士的丈夫去世，米爾終於可以和她結為夫妻，讓理性、感情一併結合，譜成哲學界佳話。

海耶克轉往美國發展，主要和他的婚姻有關。年輕的海耶克在維也納時曾有個青梅竹馬的初戀情人海倫，可惜基於一些誤會，海倫在海耶克一九二四年從美國歸來時已嫁給他人。海耶克之後不久便和第一任妻子荷拉結婚，育有一子一女，但在思想感情上依然鍾情海倫，早於一九三〇年代便跟荷拉提出離婚要求，且繼續與在維也納的海倫交往。一九五〇年海耶克獨自赴美國，是因為當地某些州的離婚法較寬鬆，即使在荷拉不同意的情況下也可以成事。此外，芝加哥大學的社會思想委員會又願給予優厚待遇條件，讓他在跟海倫再婚後，能夠同時供養元配的子女和家庭。他彙編米爾和泰勒這本書，大概是覺得自身經歷跟他們有類同之處。一九五四年，海耶克開始構思政治和法治之關係以及自由文明的創造力等課題時，便特意花上七個月，與海倫重踏一百年前米爾和泰勒在義大利、希臘的蜜月旅程。

◆學術生涯筆耕不輟

一九六二年海耶克從芝加哥大學退休，之後轉往佛萊堡大學任教。期間除去一九六九至一九七七年在薩爾斯堡外，他幾乎都留在佛萊堡，直到一九九二年三月二十三日離世為止。

晚年的海耶克儘管一九七四年獲得諾貝爾經濟學獎殊榮，還是不斷為自由社會的道理進行哲學探索。一九七三至一九七九年期間，陸續出版了他在政治哲學上的三冊經典：《法、立法與自由》（*Law, Legislation and Liberty*, Volumes 1-3）。一九八八年，他又以近九十歲高齡出版了《致命的自負：社會主義的錯誤》（*The Fatal Conceit: The Errors of Socialism*）。一九六七、一九七八年，先後出版兩冊重要的論文集（*Studies in Philosophy, Politics and Economics*和*New Studies in Philosophy, Politics, Economics and the History of Ideas*）。一九七八年返回到貨幣議題的本行，發表極為大膽和打破成規的《貨幣非國有化：修正了的論據》（*Denationalisation of Money: The*

Argument Refined)。

以「著作等身、在理念上一以貫之、無畏無懼地終身為自由上求下索」來形容這位大師，我想是貼切的。

海耶克能取得這連串成就，我想除了他年輕時在維也納大學接受過優良的跨學科教育之外，也與他能遇上良師益友、多年來定期參與米塞斯和一眾同儕的菁英座談會有關。此外，海耶克能夠把握機會在德語世界立足，又能成為英語學術界的權威學人，除了他本身出類拔萃、獲得羅賓斯等傑出學人欣賞外，也跟他總保持開放心靈、勇於迎接新挑戰是分不開的。

我們不難看到，儘管在學問上他是凱因斯的論敵，兩人之間卻是彼此惺惺相惜，既尊重也欣賞對方的才華。一九四〇年代之後，海耶克突破經濟學的專業，進入政治學、法理學、哲學心理學、思想史、演化理論等領域，認為非如此不足以回應人類所面對知識上的挑戰，這是何等的氣魄！尤令我佩服者，是海耶克一生對自由的擇善固執。儘管他的學說在大半生中都被主流學界所忽視，但他從來不為潮流所動，只服膺於學問真理。以上種種，都是百分百值得我們效法的，其一生的問學經歷對有志的青年學生更是個好榜樣。

| 第二章 |

從勞動分工到知識分工

◆知識分工是經濟學中心課題

這本小書雖然不會詳細論述海耶克在純經濟學的理論和主張，但要真確掌握海氏的自由主義，還得從他對經濟學中一些關鍵問題的根本看法談起。

在〈經濟學與知識〉這篇文章中，海耶克嘗試探討一項重大理論問題：「在市場上進行交易的人千千萬萬，其中每一個人的處境、所知道的事情、希望促成的改變都各自不同，市場是透過什麼樣的機制和運作，讓這千千萬萬個別的交易達至某種狀況，使價格反映成本，或讓供應符合需求？」

海耶克認為，倘要刻意地透過中央規畫促成這樣的狀況，便得假設規畫者必須掌握所有市場交易者的個別處境、他們各自知道的事情，以及每一位參與者各自希望達成的結果，再將上述的一切聯繫起來，集中進行分配、安排、處理，才有可能成事。海耶克的自由主義整套知識論的基礎，皆在說明這種「全知式」中央規畫在理論邏輯上是不可能的，這一點將會在後面章節詳加論述。

市場本身真能夠跳過中央規畫，協調出價格來反映成本，達成「供應符合需求」這樣一個狀況？海耶克指出其中存在著一道「知識如何分工協調」的問題。

這千千萬萬的市場參與者他們的情況各自不同，其分散和只有參與者自己所知的個人資料，如何能通過協調整合，以盡可能滿足每位參與者的需求呢？比如我今天午飯很想吃水餃，偏又不想太花錢，那該去哪一家水餃店好呢？水餃店的老闆，又是怎樣預估有多少顧客像我這樣用午餐時刻來光顧他呢？消費者和供應者分別所擁有的資訊，如何能整合起來呢？

海耶克說，經濟學自創立以來，便十分重視市場上勞動分工的問題，但卻一直忽略上述這類起碼可算是同等重要的「知識分工」問題。對他而言，這問題與許才是經濟學和社會科學真正的中心課題。

◆《國富論》——什麼是勞動分工？

眾所周知，經濟學鼻祖亞當．斯密在其鉅著《國富論》開卷便探討勞動分工的課題。他在《國富論》中嘗試論證：由於人有交易傾向，在市場不斷擴大並透過貨幣作為交易媒介不受干擾的情況下，「勞動分工」是促成國家財富及經濟效能高速增長的一大助力。

《國富論》卷一第一章〈論勞動分工〉當中，作者認為勞動分工乃造就生產力大幅提升的主因之一。事實上，在撰寫《國富論》之前，他曾於格拉斯哥大學法理學的講課中提及參訪一家小型別針製造廠時獲得的觀察。亞當．斯密說，這家工廠有十名工人，分別執行十八項簡單的工序來生產別針，每天產量約達五萬枚。一旦取消相關的分工，每名工人又少了專為分工而設的簡單機械之幫助，只能各自完成整個生產過程的話，那麼一名工人每天大概只能生產一枚別針。

儘管不若上述例子出現那等的差距，但《國富論》中提到：若由一名鐵匠獨力生產的話，單天只能造出兩三百枚品質不一定上乘的釘子，可要是實施勞動分工，讓幾個製造技巧也許未臻熟練的十九歲小夥子來做，則每人單天生產量都能超過兩千三百枚。由此可見，勞動分工在提升生產力方面是不能或缺的。

在解釋分工為何能大幅提升生產力時，亞當．斯密提出三個理由：

第一、分工讓工人能各自專注在分工後的個別工序，熟能生巧下，提升了相關工序生產的質和量。

第二、分工也替工人節省了轉換工序所需的時間，提升整體生產效率。

第三、當工人心思集中於分工後的基本工序時，更能將注意力傾注到如何改良、簡化相關工序，包括發明一些可有效替代人手的簡單工具或機械，讓工作更加簡便，生產更有效率。

換言之，「勞動分工」作為一種專門化的生產安排，既能使生產技巧愈臻完善，亦可增加發明創造之機會來提升效能，促進國家財富和經濟效益高速成長。

當然，勞動分工帶來的工具創新和熟能生巧技能，跟知識是分不開的。不過，正如奧地利經濟學派創始人門格爾在《國民經濟學原理》中所提到，把分工的重點放在勞動力上，與放在知識上可謂完全不同。如果把重點放在後者，會比較容易注意到在整個市場運作的過程中，該如何善用各類不同的知識資訊，方能在最大範圍內促進經濟發展。

◆知識分工

試想想，光是提升了生產釘子的能力，卻未增加對發掘所謂「潛在經濟機遇」（例如在什麼情況下，市場對釘子的需求可能大幅增加之類）的預期認識，相關生產力的經濟效用便頓成問號。海耶克在〈經濟學與知識〉中把問題重點轉移到知識分工上頭，其實是把整個討論從有效生產和專門化的優勢，回歸到底下這類根本的問題：市場是如何能夠在沒有中央指令之下，把局部而分散的訊息和個人的知識協調起來？又如何能最大程度地為市場參與者各自不同的預期、喜好、需求、配合起來，滿足其需要的呢？

有了這類重點問題的轉移，下面幾項關鍵提問便就浮出檯面來了：

一、存在於社會上和市場中的知識、資訊，其性質與限制是什麼？

二、這些個別而分散的知識，如何得以有效地協調整合起來？

三、這些協調整合，在滿足供需關係外，是否（或說如何才會）促進個人或社會的利益及福祉？

換言之，把勞動分工轉化到知識分工，海耶克實際上就是要在亞當．斯密對自由市場之洞見的基礎上，嘗試建立一套更全面、同時於知識論上更嚴謹的理論，以處理在知識和利益分散的複雜脈絡下，達到你情我願的社會協調。

〈經濟學與知識〉這篇文章在經濟學上有原創的貢獻，是因為海耶克在文章中把古典經濟學關於均衡狀態（即供應量和需求量相等的狀態）這一分析架構的邏輯層面和經驗層面，清楚地區分了出來。

海耶克認為，在理解經濟現象中不同元素之間的邏輯關係這問題上，均衡狀態這樣的理念對我們是有幫助的。例如：在競爭的環境裡，貨品在市場中不同的供需關係，對貨品價格會產生不同的影響。比方新古典經濟學中經常提及的「完美競爭」，在滿足了一系列先決條件的情況下（像是市場完全開放、任何生產者和顧客均可隨時進出、所有相關的市場訊息完全並即時流通、所有市場交易者的行為和決定都是理性地追求自身的最大回報等等），即便短期來說某些把握或錯判了先機的人，會在市場交易中獲得厚利或蒙受大損失，但長遠來說，市場一定會達致均衡狀態。這是因為投資者如果發現某個行業所能賺得的利潤高於自身的行業，肯定會把投資轉到這個行業上，以分享更高的利潤，直到利潤因競爭對手增加，促成有關產品的價格下降而消失為止。相反的，投資者如果發覺他們投資的行業獲得的利益不足，甚至得不償失，便會退出市場，直到餘下的投資者因競爭減少而恢復均衡狀態為止。

不過，海耶克提醒我們，指出在投資者多於一個人的情況，或現實上無人擁有全知角度的條件下，均衡狀態是否會出現、以及如何出現，便非純粹的邏輯問題，而是一個只有經驗才可以回答的問題。在未掌握相關的經驗資料，或是實際理論已經得到經驗印證或被實踐推翻的情況下，我們不能假設市場一定會達致均衡狀態。就算是市場上出現了類似均衡的狀態，也不代表我們已通徹了競爭和均衡的因果關係。

◆特定情境和時空下的知識

海耶克不斷強調：

一、市場環境複雜多變，無人可掌握一切相關資訊；

二、不同參與者的個人處境、所思所想、所知所能、所得所要，既是分散有別，卻又互為影響。

因此，如果現實生活中的市場不時有達到均衡狀態的傾向，我們需要做的，就是提出一些在經驗上站得住腳的解釋，試圖明白箇中因由，而不是視之為無須參照經驗便可不證自明的抽象邏輯推理。正如亞當．斯密在他的《道德情操論》（*The Theory of Moral Sentiments*）中說：

> 在人類社會這個大棋盤上，每顆棋子都有它自己的行動原則，截然不同於立法機關可能選用來指導它的那種行動原則。倘兩種原則一致、行動方向也相同，人類社會這盤棋就可以順利、和諧地走下去，並且結果很可能十分巧妙良好。但要是彼此牴觸，這盤棋就

會下得格外艱苦，人類社會必然時時刻刻處在高度的混亂裡頭。（302）

如果我們細心去想想這些在社會上分散的個人資料（例如今天我想吃什麼食物當午餐），和每個人都擁有的「自己的行動原則」的性質的話，則不難發現，它們：

一、零碎而散落地存在於不同的角落和個人身上。

二、是動態的、互為影響的，並非一成不變地存在於外在環境。

三、會依照市場參與者或社會行動者的視野、預期及判斷之改變而改變，特別是如果參與者、行動者對市場和社會互動下可能結果的預期或判斷有所改變時，他們個人的反應亦會隨之作出相應的變化。

容我在此舉個稍微人為簡化的例子來說明一下。

同一物件或同一種人事處境，比如社會上住房價格突然大幅下跌，這對甲這個希望以划算價碼尋找優質房子的置產者來說，是期盼中的機遇，但對乙這擁有豪華房產的人來說卻恰恰相反。至於就丙這位房地產仲介的立場看來，可能是有可欲者（因為更多人想買房子）、亦有不可欲者（房價下跌減低其佣金收入），然對丁一個外來的合約工人來說卻是毫不相干的。尤有進者，他們所處的往往是種動態關係，一種當下的狀況，到了下一階段對甲是否繼續可欲，可能得看看乙、丙、丁等人的反應，反之亦然。假若房價持續下跌，使許多像乙這般擁有豪華房產的人寧願退出市場也不「賤賣」他們的物業，甲因而找不到價錢相宜的優質房子便放棄置業，但卻使丁這批原本幾無置業打算的外來員工有能力負擔普通等級的樓房，就算是短期擁有也合算，遂就選擇購買此類物業。於是最後又推動了丙這些仲介積極去開拓低價位的普通樓房市場，足可見彼此的預期和市場互動，直接影響、甚至改變了各參與者的判斷。

把上述的例子推而廣之，在真實的社會或市場活動中，我們如何能就著千千萬萬處於同一群體的個人，把這種分散而互動下所產生的不同喜好、價值認知、行為境況等等協調好呢？海耶克將這些分散且互為因果產生的資訊，形容為「特定情境和時空下的知識」。如何有效地協調、充分利用這些分散的知識，正是海耶克認為的經濟學和社會科學真正的中心課題。

行文至此不由讓我想到，在這層意義上，台灣前輩學人夏道平在翻譯海耶克的《個人主義與經濟秩序》一書時，把書中用來討論「特定情境和時空下的知識」的第四章〈The Use of Knowledge in Society〉翻譯成〈散在社會的知識之利用〉，在標題前頭加上了一個「散」字。雖說在字面意思上不完全忠於原文，但卻捕捉到海耶克理論觀點的精髓，這樣的翻譯在意譯上可謂神來之筆。

這些分散、與特定具體情境脈絡分不開的知識，還有另外兩項重要的特點，分述如下。

◆具體情境脈絡下的知識——共同認定的處理

不同於自然科學中的事實，所謂具體情境脈絡裡的事實，決定其性質和類別的因素並非在於它們擁有的客觀存在之物理屬性，而端賴於相關人事界中的情境脈絡裡。換言之，人們透過某種共同認定的方式，賦與它們的目的。

舉例來說，市場中流通的貨幣，其物理屬性可以是金屬、貝殼、紙張、塑膠，甚至是特定互聯網中某種電訊符號，但關鍵之處是在相關的交易中，人們把公認的幣值賦與到這些不同物件之上。所以，海耶克認為，「社會事實」是人為賦與而成的，條件是要三方面有共同接受的明確關係界定：「一個目的，持有該目的之人，以及被此人認定適合為該目的而設的一樣物件。」（IEO, 59-60）拿前面貨幣的例子來說，「一個目的」即是「等價的交換價值」，「持有該目的之人」即是「願意以等價的交換價值進行交易的人」，而被人認定「適合為該目的而設的一樣物件」，則是貨幣（如信用卡）。貨幣在此被賦予其物理屬性中（如塑料）原本不存在的價值，而這價值是人與人之間在某種具體情境脈絡下的社會認定中所產生的。

海耶克指出，上述這項特點對直接採用自然科學方法來研究社會現象，不啻帶來兩大警訊。

首先，認識了社會事物的物理屬性（如信用卡的塑料），對社會事實的了解無直接幫助，畢竟決定社會事實的目的並不取決於它們的物理／自然屬性。

其次，動態的社會事實由於其意義和具體特定的人事界中的情境脈絡是分不開的，依靠排除後者而搜集來的統計學資料，以及這些整合過的資料在統計學上建立出來的關係，倘用不得其法，是很危險的。因為脫離了資料原本的情境脈絡，將之進行抽象普遍引申的話，只會帶來張冠李戴、斷章取義的錯誤理解。

例如統計資料可能顯示，在過去三十年中，當失業率在社會上下降至某一程度時，通貨膨脹率便開始攀升，反之亦然。但這是否就顯示，失業率和通貨膨脹率存在著因果關係呢？其實不同時期的失業情況，很可能由於不同的具體經濟因素所造成，與通貨膨脹率不一定相關。同樣地，通貨膨脹率的起跌，在不同的處境下也許是被不同的經濟因素帶動，與失業率無關。要是研究者光看著抽離掉具體經濟脈絡而搜集得來的整合數據，不理會產生這些數據的背景，然後根據數據在一段時間中呈現的表面關係來遽下結論、對社會現象進行解釋，便很容易產生種種謬誤。這也是海耶克為什麼不信任宏觀經濟學的原因。

◆具體情境脈絡下的知識——跟隨默會引導

至於特定情境下的知識的另一特點，就是其「默會」（tacit）性質。

其實亞當・斯密在論述勞動分工中的熟能生巧時，即已觸及到默會知識的範疇。默會知識由實踐主導，往往知其然，卻不一定知其所以然。就像一名傑出的廚師，他精心寫出來的食譜可以把下廚每一步驟都交代，但食材怎樣才夠「鮮美」、調味料怎樣才叫「恰如其分」、火候怎樣才算「不慍不火」，都是難能單透過文字表達到位的，得靠實踐判斷和技巧才行。因此，如同庖丁解牛，廚神的食譜是不能取代他親自烹調出來的美食的，因為默會知識只存在於實踐當中，就像言教不能取代身教一樣。海耶克在他的論文集《哲學、政治與經濟學研究》（*Studies in Philosophy, Politics and Economics*）曾經以踏自行車、小孩說母語為例，說明懂得做以上的事（即實踐默會知識）並不代表我們也懂了規範這些行為背後的理論和規則（如自行車運作背後的力學或機械學，以及規範語言的文法等）。這一點，對海耶克論證蘇格蘭啟蒙運動思想家包括大衛・休謨、亞當・弗格森等認為社會制度的出現和維繫，是人類的實踐行為、而非人類的理性設計結果的主張特別相關。對此，稍後將作更深入的闡述。

面對「特定情境和時空下的知識」，論述了其特質、提出了「知識分工」這道論題後，我們的社會和市場又是怎樣協調並應用這些知識和訊息，使社會在互動中為個人和群體謀福祉的呢？就在下一章，我們將會看到海耶克怎樣引用市場中的價格機制來作出說明。

| 第三章 |

社會制度和實踐——行為互動還是中央規畫？

◆市場供需，靠什麼協調？

面對市場上千千萬萬分散而互動的「特定情境和時空下的知識」，加上缺乏全知角度或完全知識的情況，「市場的供需」是怎樣得以協調的呢？海耶克認為，自由市場中像電子通訊網那樣發揮作用的價格信號，於此起著關鍵效用。因為它們能夠把瞬息萬變的市場訊息以簡明方式公開呈現，讓每名參與者可依據價格信號作出個人的反應和決定。

下面將引用海耶克在〈散在社會的知識之利用〉一文中論述價格信號的相關章節，來說明這一重點。

首先，海耶克提出價格信號如何提點市場參與者商機的所在，以及如何更符合經濟效益地去運用資源：

> 我們假設在世界上某個地方，某種金屬，比方說，錫有了一個新的用途，或者錫的供給來源之一斷絕了。這兩個原因究竟是那一個

使得錫更稀少了，這與我們的目的沒有關係——重要的就在這個沒有關係。錫的使用者所必須要知道的，只是他們平常所消費的錫現在有一些是更有利地用在別處了，因此，他們必須用得節省一點。

（《個人主義與經濟秩序》，頁一一三—一一四）

這兒值得注意的頭一點，是市場上就錫這種原料進行交易的人士，儘管各自的處境容或不同，進行買賣的個人目的大概也天差地別，但只要他們可以依據價格信號自由地下決定，作出自認為最合乎自己情況的買賣與否判斷，並對相關的結果負責——那麼，市場上錫的供需應用，參與者在毋須知道影響供需的種種原因的情況下，也會得到協調。

過程中，部分參與者可能蒙受損失，發現自己對價格信號下了錯誤的詮釋和決定；另一些參與者則滿足了自己的交易目的，從價格信號裡頭把握住機遇。不過，不管參與者在該次交易成敗如何，實際結果正等於市場對其決定的回饋，這本身便成為某種重要的資訊，有助他對下一步傳來的價格信號作出更佳詮釋，以謀求下一次更好的交易結果。假若價格信號讓他知道估出錫有多一點利潤可圖，他就有動力去多生產錫以增加供應。相反地，如果價格信號顯示需求減少，他要麼便要減產，否則便要降低成本以保障本身的利潤，或調低售價以刺激需求。這過程會如此類推地涉及其他市場參與者，並且周而復始地進行著。每一次對價格信號詮釋是對是錯，都會從信號的改變得到回饋，參與者並得對自己的每一決定負責。

◆中央規畫與價格信號

但是，如果我們不依據價格信號，轉而依靠中央規畫作出協調，規畫者首先必須知道：誰是錫這種原料的供應者和使用者？他們各自的供/求量是多少？各自應用錫的目的為何？未來的相關計畫是什麼？如果他們之間的目的或計畫有衝突時，哪些該享有優先權？以及可能影響這些計畫的其他因素包括什麼？……諸如此類。中央規畫者要是未能充分掌握這些資訊，很難想像他們如何能開展規畫。更有甚者，正如上一章所述，那些「特定情境和時空下的知識」在協調過程中是動態又互為因果的，哪可能在協調之前就讓中央規畫者掌握得到？這樣的話，規畫者該怎麼辦呢？此外，除非中央規畫可以完全撇除價格來進行，否則中央規畫者根據什麼準則來制定和調節價格等問題，也是不容忽視的。

相反地，透過市場的價格信號，對參與者而言：

不必要他們的大多數知道什麼地方發生了更迫切的需要，或者說他們也不必知道為滿足什麼別的需要而他們應該節省用錫。如果他們之中只有少數幾個人直接知道這個新需要，因而把資源轉移到那方面去，如果又有人察覺了上述的資源轉移而引起的新缺口，於是他們又從其他的用途把資源轉移過去填充這個缺口，這樣一來，其影響就很快地普及於整個經濟制度，不僅影響到所有使用錫的人們，而且也影響到錫的代替品，以及這些代替品的使用者，凡是錫做成的一切東西，以及這些東西的代替品……它們的供給也都受影響。所有引發這些影響的人，絕大多數對於這些變動的原始原因一點也不知道。（《個人主義與經濟秩序》，頁一一四）

於是，我們看到的結果是：

這全部的作為就是一個市場活動，這不是因為其中的任何一個分子觀察到全局，而是因為他們各人的有限見解，彼此接合而重疊，足以使有關的消息經由許多的媒介傳達於大家。（《個人主義與經濟秩序》，頁一一四）

海耶克形容價格信號所發揮的市場協調作用令人嘆為觀止。他指出，儘管市場上一般僅有極少數人有可能詳悉某一種貨品的供需由什麼原因導致改變，但在毋須任何人發號施令的情況下，價格信號便能引導「彼此不知道誰是誰」的千萬大眾參與者因應自己的個人情況，往對的或者是他們判定的最佳方向去動作。

◆自由市場複雜多元，預先制定集體目的行不通

海耶克從知識分工的觀點發展出來的論述，讓我們看到，價格信號若能在不受干擾的前提下自由運作的話，市場參與者就不需要對其他參與者擁有的「特定情境和時空下的知識」有深入了解；缺乏這知識，並不會使他們不能依據價格信號作出經濟上最有利而又最符合其個人目的的決定。必須注意的是，這些個人目的是「自利」還是「他利」並非關鍵所在。最重要的在於，自由市場的價格信號能在毋須依賴全知的觀點和能力下，最大程度上把分散互動的「特定情境和時空下的知識」充分利用、協調起來。

事實上，對個別的市場參與者來說，由於沒有人掌握完全知識，他們根本不可能預知自由市場的互動結果。個別參與者是否以自利或他利的動機參與市場交易，就知識分工的理論看來，既非必須也不是充分的條件。相反地，中央規畫者怎樣同步並持續地處理數之不盡、無處不在的「特定情境和時空下的知識」，已成一大難題。加上這等知識的動態、互為因果的性質，中央規畫者在謀畫時如何能預知互動過程中才會產生的結果呢？

進一步而言，每個市場參與者不論是個人或組織，其個別目的應不盡相同，部分更可能相互衝突矛盾，或存在競爭關係。倘訴諸中央規畫，如何處理有關的衝突點和競爭點就成一大難題。真讓規畫者作決定，那無異於把規畫者自己認可的目的變成集體的目的，加諸到其他人身上。這兒就是以民主表決方式來決定，其性質免不了是非此即彼的和靜態的，而且更必須由規畫者預先訂定一個集體目的或有優先序列的一組集體目的才能作出規畫。

這方面，海耶克特別提醒我們關於工程問題和經濟問題的分別。

◆經濟問題，不可當工程問題看

工程問題的出現，是預設了一個既定的工程目標，例如要架一道鋼橋，這目標怎樣定下來，往往和經濟沒有必然關係。當然，目標定下來之後，如何以最有效率的方法去完成任務，在資源耗用上可以有大分別。只是這對海耶克來說稱不上是經濟問題，因為經濟問題的出現，是要解決在既有的資源下，不同的目標如何透過競爭以獲取資源來最有效益地達成。換言之，價格信號不會預先替市場參與者訂定共同目標，而是讓參與者依據一共同換算標準，以決定他們認為某一市場環境下應嘗試追尋哪些目標，估計這樣做就當時整體來說是最合算的。

例如，從某一角度看，社會若能夠把既有的資源拿來多栽培一名醫生服務人群，那肯定是好的。但若栽培一名醫生所涉及的資源可用來栽培三名教師，或者是一名工程師加一名護士，那麼應當如何取捨呢？從市場經濟的角度看，這問題是不能預先決定的，還得看市場參與者在回應價格信號時，最終願意把資源投入哪一種組合的選項。這個區分帶來了兩項重大訊息如下：

第一、中央規畫的前提，除了在掌握整體知識的要求門檻很高之外，也得有預設好的集體目標或有優先序列的一組目標，但對於預設目標怎樣得來，以及它與集體中個別成員的目標是否一致，卻不甚了了。

第二、市場經濟不要求全知的觀點，但市場的價格信號提供了一個共同換算的標準，讓各參與者以此為依據，透過開放的競爭來決定究竟選擇哪些目標為先、哪些為後。換言之，中央規畫的社會難免是先有目標，然後由上而下的促成集體一元；開放的市場則是平列分散多元，因時制宜，這對自由共同體的性質相當有啟迪作用。

◆社會制度是人為設計結果？

中央規畫和市場無疑都是人為的結果，兩者在人類經驗中都存在，惟前者要求有近乎全知計畫的能力，後者卻是參與者行為互動的結果。

從這觀點出發，海耶克提出了另一道很深刻的問題：那就是人類社會行之有效的制度和實踐，究竟是人的理性設計結果，還是行為互動的結果？就這一點來說，蘇格蘭的啟蒙思想，特別是弗格森和休謨兩位的主張，對海耶克這方面的影響最大。其中，弗格森在《文明社會史論》（*An Essay on the History of Civil Society*）以下這番話，最能代表海耶克的見解：

社會形態的起源模糊而遙遠，正如我們並不知道風來自何方、又吹向何方一樣。遠有哲學以前，社會形態就是人類出於本能而形成的，並非人類思辨的結果。在建立機構、採取措施方面，眾人往往受到他們環境的影響。他們很少會與自身環境背道而馳，去追隨某個規畫人的計畫。

即使在所謂的啟蒙年代，民眾在邁出每一步、採取每一項行動時都沒有考慮到未來。各國碰碰撞撞的建立了一些機構和做法，事實上，這是人類行為的結果，而非人們在執行預先定下的設計。

（《文明社會史論》，頁一三六—一三七，本書作者對最後一句的譯文，在參考了英文原文之後略有修正。）

海耶克是透過他對市場經濟學的理論研究，清楚看到不少社會制度和行之有效的實踐是人類行為的結果，而非人們在執行預先定下的理性設計。魯迅曾經說過：「其實地上本沒有路，走的人多了，也便成了路。」如果依照海耶克和弗格森的理解，路的出現，往往並非是人類先有了一個明確清楚的設計，然後依據計畫建蓋出來的，而是不同的人在同一環境下，為應付各自面對的實際問題和滿足其需要，分別而持續地在相同的地方重複舉步踏踐出來的。當然，這非排除之後人們利用工程學的知識造出一個設計，把這條路變得更合用精美，但設計並不能抹殺、取代人類行為的互動結果此一重要元素。前述理論的洞見讓海耶克看到，除了市場之外，我們的語言、貨幣、道德規範、法律、各種技藝、社會秩序的演化，甚至知識上的探索，儘管在某些階段或某些範疇內採納預定好的理性設計和藍圖會有幫助，但設計取代不了行為互動。掌握好當中人類行為的互動結果這性質，對我們明白社會運作以及嘗試改善我們的環境，可說至為關鍵。

◆崇拜理性的虛妄

海耶克認為，生活在現代文明的人對弗格森上述這番洞見往往視而不見的一個原因，在於現代文明是個崇拜理性的文明。特別是在笛卡爾的哲學及科學大行其道之後，人們認為理性優於傳統和約定俗成的做法，因此認為好的制度應當由完美無瑕的理性規畫一步步推演出來，其他人類行為的結果也得先經理性的嚴格評核才有資格受到重視。

海耶克更進一步指出，西方思想自古希臘時代以降，把一切現象只歸類為自然的和人為的，卻看不到所謂「人為的現象」中既有人的理性和能力所能控制的事，也有人們始料未及所產生之預期外的種種結果。他說，古希臘這個過分簡化的二分法，幾乎沿用到現在，除了容易在思想上對人類行為結果和理性設計結果的分別視而不見之外，在崇拜理性的年代，更會把人為的範疇只看成是人類理性的現象，把一切理性以外的人類行為視為是未脫離自然性的現象。

如此觀念架構的影響下所發展出來的社會理論和改革主張，跟海耶克的知識分工論和人類互動行為的結果論，難免走向南轅北轍了。這一點在後頭第五章〈真偽個人主義〉中，將有較詳細的論述。但在此之前，讓我們先看看海耶克為何認為科學方法的濫用，除了會歪曲我們對社會現象的正確認識，還會對開放的文明和個人自由構成威脅。他同時論證，人的心靈是和人類文明互相緊扣下，同步發展的。如果有人認為心靈的發展單靠理性已足夠，因此優先於社會和文明而存在，可以獨立出來，並為後者設計一幅全面合理發展的藍圖，海耶克相信這在邏輯上是不能成立的，也犯了致命的理性自負。

| 第四章 |

科學主義、心靈與理性

◆社會事實的主觀性和目的性

第二章討論我們認定的社會事實時，曾引述了海耶克的觀點，提到構成這些社會事實的性質，並非它們的物理或自然屬性，而是人們在相關物件或事件之中賦與或接受它擁有的一些目的。換言之，社會事實之所以是事實，是經人為認定的；相對於外在的客觀物理或自然界，這些事實屬於主觀（但並非任意）的，是因為人們基本上接受了這種認定才變成是社會的事實。如果我們撇除掉相關事實的主觀性和目的性，實際上也就撇除了它們的社會意義，使之不再成為社會事實。

舉例而言，在人際溝通之中，我們會透過使眼色向別人示意或示好。雖說使眼色這個舉動，和我們非隨意的眨眼睛動作，在外觀上有些時候可說沒什麼分別，但前者顯然是個社會事實，具有意涵和人際溝通作用，後者卻只是一種純生物和物理現象，並不存有社會意義。

透過這一認定，我們除了明白到社會現象中事實的主觀性和目的性這一特點之外，也觸及到人為認定社會事實的意思之所以成為可能，是假設了人的心靈大致上能相通。因此出現共同認定的人的行為時，我們只要回歸個人的本心作出省察（introspection），便能夠互相明白，進一步構成其社會意義。

在《科學的反革命：對濫用理性的研究》一書中，海耶克說，就是年代不同的人，他們的心靈大致上也是能相通的，否則我們便無法透過歷史文獻和從前留下來的歷史文物了解先人的事蹟。如果留下來的文獻文物對我們來說完全參不透它們的社會意義的話，這些便不可能構成社會事實，研究其歷史，充其量也只能了解其自然歷史，就像研究生物化石或物質的變化；如果有關的對象是一個生物群體，也只能夠像研究蜂巢或蟻丘的自然歷史，而非人類社會的歷史。這也是為什麼海耶克認為，以行為主義這類只看人的外在行為，抹殺行為中所顯示出來的人為認定之目的等方法進行研究，根本不可能真正了解人類心理和社會。如果人們以為在研究社會時要客觀、科學，便得把人為認定之目的這些主觀因素剔除的話，其實是不明白自然科學和社會科學之間在方法學上的基本分別。假若無視了這些，分別而強行把自然科學方法套用到社會研究之上，無異於一種對自然科學的盲目迷思，海耶克稱之為「濫用理性的科學主義」。

◆自然和人為認定關係

對海耶克來說，現代科學的發展，正是人們在認識的過程中發現，我們的感覺和心靈對外在事物的區分以及認定它們之間關係是一回事，這些事物本身的自然或物理關係卻又可以是完全另外一回事。

對此，海耶克在《感覺秩序：理論心理學基礎的探索》有詳盡的論述。例如我們視覺上看見同時是白色的感覺，從物理層面上可以由完全不同的光線混合在一起而產生（TSO, 14）。這也就是說，外在的事物本身的自然或物理關係和我們心靈所出現的觀感效果可以是兩種不同的秩序。再者，擁有相同的純自然或物理關係或屬性的兩件事物，我們的心靈在某些情況下卻會區分出不同的效果。

再以使眼色和眨眼睛為例，雖然前者必須透過後者的動作才能做到，但要解釋前者和解釋後者對我們來說是完全兩碼子的事。沒有人為認定的示好目的，便不可能明白什麼是使眼色；但要解釋眼睛是怎樣才會眨，卻得明白神經細胞、眼皮肌肉、眼球等生物上和物理上的因果關係才管用，人為認定的目的在此是毫不相干的。因此，自然科學的發展從某層意義上來說，即是把我們在認識中的主觀因素和人為認定的目的性去除，專注去了解事物本身的自然或物理關係。像古人以上天震怒來解釋打雷閃電，可科學家是不會看震怒不震怒這些主觀因素來解釋相關現象的，而是從大氣電子中正、負極之間的碰撞及其物理關係來推論為何會出現這些現象。當科學的解釋愈精準，所用的語言便愈遠離主觀性和目的性的用語，因此數學和符號方程式的語言，便成為最合用的科學語言。

海耶克不忘提醒說，這並不表示事物本身的自然關係是真象，人為認定的關係或目的是表象、假象。自然事實和社會事實的區分，其實是代表了在自然界之外，還有一個在性質上不盡相同的人事界，這兩者產生出兩種不盡相同的認知秩序。至於人事界在某種終極意義上是否能完全地化約到自然界，海耶克相信這個問題，從人類知識的角度來看，要麼便是欠缺明確定義，要麼便只能存而不論。畢竟作為人類，我們免不了要透過構成我們心靈的認知範疇來認識外在世界，而我們發現除了自然界的秩序之外（例如眨眼），我們的認知範疇還會區分出一個人事界（使眼色）來。除非我們擁有超越人類心靈的認知範疇的知識或能力，可以全面地把人類在人事界的認知和自然界的關係鉅細靡遺地連繫起來解釋，否則這兩個世界對我們來說是不能化約的不同世界。

超越這人類心靈的認知範疇的五指山，對我們來說，在邏輯上是不可能的，因為這意味著我們一方面是只能透過人類心靈的認知範疇來進行認知，但另方面又說我們的認知，其實是超越了人類心靈的認知範疇，因為我們不單全面認識了這範疇，更對這範疇和外在自然界的關係，瞭若指掌。

在《科學的反革命：對濫用理性的研究》一書中，海耶克提到，有些社會學家嘗試把罪行用完全客觀事實的方式來作界定，指出罪行就是那些會帶來懲罰的行為。但海耶克認為這些做法並不成功，充其量只是把人為主觀認定的步驟往後推遲了一步，畢竟什麼是懲罰，還得靠人為的主觀認定來作區分，單看一個人在做出了某種特定的行為之後，頸項上就被他人掛上金屬鏈子這一現象，本身並不能證明他是受罰還是獲賞。賞罰的區分，仍離不開人為的主觀認定（CRS, 50 n.6）。

◆社會解釋：理念關係的建構和重組

社會事實的目的性和主觀性這一特質，也引申出在方法學上相關的其他重大含義。海耶克認為，社會上每個人所掌握到的社會事實，其目的性都是人為認定的，可以說是一種認定了的意見。但當不同的個人根據這些事實作出反應、採取行動時，其總體產生出來的後果，既非個別參與者預先確知，猶且往往不是他們意圖／計畫中始料所及的。從事社會研究的人，除了要充分明白社會事實的特性外，其主要的理論工作，便是就社會互動產生之人們意圖或計畫始料不及的後果作出解釋。

以本書第三章談到的市場價格機制為例，研究市場運作的人首先得充分明瞭各市場參與者所擁有的「特定情境和時空下的知識」的特質，然後得觀察市場中的互動交易行為，之後就著市場運作所產生的、個別參與者的意圖或計畫始料不及的整體結果進行理論解釋。必須注意的是，這裡所說的「整體結果及其解釋」乃離不開理念關係的建構，本身並非透過外在觀察便能直接看到或發現的客觀存在的實象，而是研究者根據種種社會事實、與人類行為有關的認知概念之間的關係，建構重組出來的合理解釋，同樣屬於人為的理論性和解釋性意見。海耶克以價格信號來解釋自由市場機制的協調作用，還有透過對「特定情境和時空下的知識」的動態性質、互為因果等等特徵的認識，來論證中央規畫不可能充分利用知識分工及促進個人自由選擇，正是經濟和社會理論的解釋。這些理論是認知性的建構，能否成立固可爭議，惟跟社會事實性質相同的包括：這些理論終究還是認知上人為認定的意見，其不同之處在於其意見不是個別參與者於「特定情境和時空下的知識」，而是理論家對行動互動所產生關於整體結果的解釋。

海耶克認為，如果我們能頭腦清醒地認識到社會事實和社會理論雖然是屬於這兩個不同的認知層次（前者是構成個人行為的根據、後者是對人際互動結果的解釋），但其性質同樣是人為認定之意見，便較容易避免犯上科學主義的錯誤。正如上文指出，自然科學的出發點，正是要把人類心靈感覺所觀照到的外在世界，還原到構成這世界的外在物元素之間的自然或物理關係。因此，自然科學總是把我們觀照到的外在世界的圖象視為臨時的，必須把構成這圖象背後的物理化學元素尋找出來，透過實驗的方式去證明這些元素關係的假設成立與否，以解釋有關的自然現象。

◆社會理論在方法學上的基礎

反觀社會現象的出發點，卻是以「人同此心」作為基礎的社會事實，構成社會事實的意義則源自人們對其目的性的認定。故要解釋社會現象，應從已共同認定了的相關事實出發，此意味著欲了解人的行為便得從行動者的認定作起點，甫能明白他的行為是依據哪款認定了的目的和意義而產生，然後才去分析社會中不同的個人行為在特定情境下如何互動，最後解釋這互動怎地導致某一整體結果的出現。如果把這些人為的認定抽離出了社會現象，光注重行動或外在事物間的生物、物理關係，便不能作出社會理論式的解釋。

海耶克舉例說，解釋社會傳染病的傳播和人類遺傳因子的承傳，其研究對象雖然是人，但由於毋須牽涉社會事實，其中所作的理論解釋便可以是純生物學的，其理論對其他生物物種也同樣適用。如果我們把社會事實化約成自然事實般處理，便解釋不了社會現象，犯下了科學主義的錯誤。而人際互動是由個別參與者依據各自對相關的社會事實理解、作出判斷後產生的行為。這一點也指向了社會理論從方法學上來說，必須從參與互動的個人出發，以理解、建構互動者彼此的關係，分析互動行為產生的結果，所以理應以方法學上的個人主義作為社會理論的基礎。海耶克認為，社會理論倘無視這一點，以為可直接以社會上整體現象作為分析的基礎的話，這等方法學上的集體主義既站不住腳，也是危險的。

對人類互動行為所產生的社會整體現象作出解釋，是社會理論的工作。這些整體現象，更是個別參與者在行動時沒有直接意料到或計畫所不及的整體結果。但正如海耶克說，這裡提及的整體結果及其解釋，離不開理念關係的建構，它們本身並非透過外在觀察便能直接發現的客觀存在的實象。很多時候，我們用以描述這些整體現象的理念，例如「社會」、「民族」、「國家」、「資本主義」、「法律制度」、「貿易周期」等等，並非客觀存在於一定時空秩序之內的外在實體，而是研究者根據種種社會事實、人類行為、認知取態等相關概念，建構重組出來的概括稱謂。

由於這些整體現象是人類行為的互動且非設計出來的結果，和實體存在的自然事實和現象不一樣，我們不可以用操控實驗的方法來重組有關的現象以測試對這些現象作出解釋的理論的有效性。再者，社群所產生的整體現象，是千千萬萬個不同個體的互動結果，脫離了個體群的互動，這些整體現象便不知從何說起。因此，社會理論不應從所謂的整體現象作為分析的出發點，畢竟對這些整體現象作出的解釋只是臨時的，仍有待修正。如果我們有理由提出更具說服力的解釋，對這些整體現象的看法和了解可能會截然不同。

方法上的集體主義的危險正是倒果為因，以為這等整體現象是實存不變項。等而下之者更假定這些整體現象按一定的客觀規律運行，以為就算在現實上我們不可能透過實驗以測試相關規律的有效性，猶可透過對過往歷史經驗的探究，以觀察、考證社會整體現象的運作規律。海耶克認為這些方法學上的集體主義和歷史主義都是誤解了社會事實和社會理論的性質，弄得不好，則拿些毫無根據的教條或僵化的意識形態作為前提或標準，無視人際互動中個人的主動性和自主性，把一套先入為主的秩序強加於人身上。

◆海耶克的理論觀點

下一章將談論海耶克所說的真偽個人主義，我會根據海耶克在《感覺秩序：理論心理學基礎的探索》一書裡對人類心靈的性質、結構、感覺和認知過程的複雜論述，從中抽絲剝繭，勾畫出海耶克一套自主的個人觀。在此，容我先總結以上的討論。

在海耶克的理論當中，我們務必要對理性，以及知識的性質和限制，有個清晰的認識。就人類的認知而言，我們的心靈會區分出自然物理、心理的這兩套人類不能互相化約的秩序，因此不該混淆了兩者性質。就人類的自我認識而言，由於我們必須依靠人類的心靈認知範疇和框架來進行心靈活動，邏輯上我們便不可能完全解釋人類整個的心靈框架。說到底，我們認知內的任何人類的心靈活動，都得預設在這框架之內進行。要了解框架的全貌，便得跳出框架（也就是心靈以外）來看。基於此，心靈框架中的理性活動，不可能完全掌控我們的心靈，而心理秩序中人主觀認定的成分，也不可能完全化約到自然物理秩序中去。

就人的互動行為而言，其目的性和社會性是不能抹殺的，否則便無法進行社會認知。認知的出發點，說穿了是具體互動參與的個人；互動的過程不單是互為因果，每個人擁有的知識實際也分散於一時一地，希望達到的目的、結果更不盡相同。欲以中央規畫式的指令來進行社會互動，除了得假設人或規畫者擁有近乎全知的完美知識能力之外，尤得設想一旦不同參與者的個別目的產生衝突矛盾時，我們已備有完滿的解決方法，否則人際互動不單會協調失效，個人多元自定的目的與中央指令亦難以統合。

| 第五章 |

真偽個人主義

◆刺激轉化為觀感

上一章提到，海耶克的理論觀點認為，我們的心靈會區分出自然物理的秩序和心理的秩序，而且兩種秩序是我們不可互相化約的。在《感覺秩序》一書裡，海耶克需要解釋一大問題：當與外界接觸，我們的神經脈絡接收到外間的刺激時，是如何將構成神經秩序的纖維網絡中的生理刺激轉化為心理上觀感的呢？對這個問題的詳細說明，請讀者翻閱《感覺秩序》第二章相當抽象和技術性的論述。在此，我只能提供扼要解釋。

海耶克第一點想揭示的，便是把每項生理刺激本身所含的特質，與這些刺激在神經秩序中纖維網絡形成的整體結構，對我們感官所產生的效果給區分出來。

個別生理刺激的特質是怎樣一回事，我們一般須藉由科學儀器方可斷定它的物理性質，但這些刺激形成的整體結構對我們感覺秩序產生的效果，卻是另一碼事了。因此，海耶克假定，我們的心理感覺非依附在個別外來的生理刺激之中，亦非我們的神經脈絡把個別感官刺激逐一記下再重組所產生的。我們的「心理感覺」乃是這些外來刺激，在我們的神經細胞之間傳遞過程中形成的整體結構或連結所產生的效果，相關的外來刺激若於其中占著不同的位置，便會產生不同的效果，形成了我們不同的心理感覺。由是觀之，我們的心理感覺以及依此產生的心靈活動，與其說是對外在物理環境的直接反映，倒不如說是我們的心理秩序對外在環境的主動詮釋和理解。

當然，我們這些心理感覺中的詮釋理解自會在我們的心靈系統中記憶、累積下來，構築成我們的經驗。經驗之間也可能互為影響，長遠來說，那些被認為有效或理想的更易在演化過程中彰顯，作為往後對外在環境帶來的類似刺激或挑戰的回應藍本，也有可能成為中樞神經系統結構的組成部分，造成個人某方面性格，甚至遺傳給下一代。

◆模型和圖型

對外來刺激的心理經驗累積，還有它們在人類演化過程中的傳承，對我們心靈主動地對外界環境作出詮釋，實發揮著重要的作用。海耶克認為，我們的感覺秩序不僅能詮釋當下外來刺激，又能把經驗累積下來，意味著在這秩序中存在著兩個層面的生理記憶：

一、對即時傳入的刺激所形成組合排序而作的記憶，海耶克稱之為「模型」（model）。

二、個人以往人生經歷中的經驗累積，以及人類演化過程中一代傳一代留下、在人類心靈中形成的背景記憶，海耶克稱這種背景的記憶為「圖型」（map）。

換言之，我們心靈對外在刺激所作出的詮釋理解，非是孤立和抽空地進行的，乃是在秩序內循著演化軌跡累積成的圖型這一背景而行。這也就是說，我們心靈中的圖型，相當於我們對外的感知範疇。儘管這些範疇非為先驗，是演化和個人經驗累積構成的，但任何新傳入（或觸及）的刺激通過「模型」層次所生的反應，還得與「圖型」層次的感知範疇作出互動，才形成後來心靈中的詮釋。

因此，人類的心靈活動不可能是孤立的或從天而降，而是假定有所謂靠演化來的感知範疇，形成一定的規範標準，讓我們評估判別外來的刺激，從而作出回應。由是觀之，人的感知必然預設有「蘊含理論」（theory-laden），因為我們心靈中的圖型為相關範疇提供了個相對穩定持久的詮釋架構。但這非先驗的架構，也不是一成不變。當它和即時傳入的刺激形成的新「模型」互動時，原有的架構如不能完全掌握新境況的話，新的刺激也可能會在一定程度上轉化了既有的範疇或圖型，形成新的經驗甚至是範疇。

◆個人主義的真與偽

海耶克在《感覺秩序》中還強調，由於人人經歷不盡相同，即便每個人的心靈秩序有共通之處，但總會存有著個人的特屬分別。

此外，在我們的感覺神經脈絡中，每個人的生理建構也難免有相異之處，就算雙胞胎兄弟姊妹在生理上仍會有些許差別，因此在感覺秩序中的生理記憶和組成也不可能完全相同。這就構成了每個人相對獨特的人格性情，形塑出一個個不能被其他集體特徵取代的個人。這些個人就是在這個基礎上於世存活著，對外進行感知活動、參與社群中各種事務、相互交往，而不是像一枚組裝在一部大機器之內的螺絲釘那樣可以被取代的存在。

海耶克在《感覺秩序》的論說中，蘊含著個人是獨特的、各自對外在世界作出詮釋的自由體。惟在談及歐洲思想中的個人主義時，他卻主要從社會理論而非政治或道德哲學的角度，來確立他口中「真正的個人主義」。

海耶克認為，歐洲思想傳統中存在著兩種南轅北轍的個人主義。第一種是從洛克開始，後來經過曼德維及後頭一群傑出的蘇格蘭思想家（休謨、福格森、亞當．斯密等），以至艾德蒙．柏克、托克維爾和阿克頓勛爵等發展的真個人主義。另一種則是以笛卡爾式唯理主義作基礎的個人主義，由法國和其他歐陸思想家為代表人物，包括百科全書派的人物、盧梭及重農經濟學派等。針對後一種個人主義，海耶克稱之為「偽個人主義」。

以「真」和「偽」來區分歐洲思想傳統中的個人主義，並視個人主義為一種社會理論，意味著海耶克基本上是從知識論的角度，加上對個人與社會秩序交互關係的理解來論證。他認為洛克的傳統在認識上站得住腳，笛卡爾那一邊的傳統卻犯了知識上的錯誤，所以是不成立的。

此處最根本的問題，與海耶克對理性限制、社會制度演化形成的認識，脫不了干係。從海耶克對理論心理學的研究結論來說，構成分辨和理解範疇的心靈，沒可能反過來完全認識自己，就像一個集合體（set）可以對集中的成員或子集作出區分，卻不能作自我區分一樣。這也意味著理性不可能超越人的心靈來重新塑造人。進一步而言，海耶克對知識分工的認識，點出了散落於不同個人的「特定情境和時空下的知識」的重要性和不可被取代性。因此，若以為單一的、抽象的、集中的理性，能夠無視這種散落又與相關情境難分割的知識而作出更好的知識運用，不但是對理性的誤解，還漠視了不同個體因應形形色色情境所激發的技術專長、體悟認識，以及投注於此基礎的各具特色的自我努力。

◆社會互動與個人自由

這種隨人各自揮灑的互動所產生的社會活動，更指向了以下兩個重要結論：

首先，社會互動的結果實非個人意圖百分百能夠預料到或預見的，所以社會實踐及制度縱屬人類行為的結果，卻已不是完全歸人類理性所能設計出來了。

第二，沒有超然全知的抽象理性，也沒有超然抽象的個體。所以說，「真個人主義」不是超然抽象的個人主義，而是充分明白到各自獨特的個人，必須經過社會互動才能發揮、發展，而社會互動並非唯理式設計規畫可以形成。相反地，這互動如要充分發揮知識分工的作用，便得讓不同個體尊重社會上行之有效的實踐規則（或機制）自由地進行，並對自身選擇帶來的後果負起責任。真個人主義之所以為真，表示這傳統對相關社會理論的認識在知識上站得住腳，於焉衍生出來的社會制度和政治安排也發揮了對個人有利的保障。相反地，「偽個人主義」是誤解了理性，把理性的作用無限誇大，結果讓唯理主義凌駕於個人之上，最終不光是無視個體多樣性、各懷精采的特質，猶且藉由對個體進行控制以求達到唯理主義預設的共同理想目的，不可避免地會取締起個人主義，偏向集體控制之路。

建立在對理性之局限有真確認識的真個人主義，因此對底下課題格外重視：

首先，如何界定一個範圍，好讓不同的個體可自由地作出個人決定和行為選擇，並對其後果負責。從社會制度層面來說，個人產權本身及其相應的社會規則和實踐便顯得很重要。

其次，在社會互動之中，促成互動的實踐機制及相關規則，對真個人主義來說不啻是項重要課題。充分認識它們的性質，了解該怎樣不斷改善，對維護真個人主義下的社會政治秩序可謂至關重要。

第三，由於社會互動結果超出理性可及，明白和尊重社會上行之有效構成的規範傳統，遂就變得重要。這其實等於說，尊重個人的社會同時也應是尊重傳統的。因此，海耶克在其著名的〈個人主義：真與偽〉

這篇文章下結語說：「個人主義對我們的啟迪是，只有在自由社會裡，社會才大於個人。在一個拿指令箝制個人的社會裡，社會的力量將只會縮窄至那幾顆發號施令的有限心靈之中去。」（IEO, 32）

| 第六章 |

自由秩序的重建

◆普遍原則與自由秩序

事實上，〈個人主義：真與偽〉這篇成於一九四〇年代的論文，一開始便嘗試闡述：自由社會秩序的重建，端賴其背後那一套具有連貫性的原則。海耶克指出了自兩次世界大戰以來，知識界日漸不信靠「普遍的原則」，而且不認為這些原則能讓我們明白到社會組織是如何得以維持，並以之作為指引來建立自由的秩序。至於怎會導致出現這種情況，海耶克在文中起碼提出了後面兩個原因：

首先，西方社會自從宗教開始失去其至高無上的影響力以來，知識界對基於宗教信仰而確立的普遍原則所指向的道德目標已不再視之為神聖，更不認為這些原則能為我們提供充分可行的方法來實現目標。

其次，愈來愈多人認為，事事訴諸普遍原則不如透過理性的思量，在社會事務上根據每個具體事例的不同情況，就事論事地權衡各種可能措施帶來的結果優劣，然後才作出抉擇。選擇的結果可以跳脫個人主義及社會主義，偏向務實和理性上最合理的選擇。在這樣不重視一般性原則思維的影響之下，西方知識界對構成自由社會秩序的政治、社會、經濟原則的認識日益變得含糊不清，行事在缺乏原則引導之下亦變得漂浮不定，使社會或政治經濟上的行動和決定，帶來跟原先預期相反的後果。再者，在少了普遍原則作標準去引導政治決策的情況下，決定最終是由有權最後發號施令的人直接指令，社會秩序的確立便得服膺於領袖的意志，哪管什麼普遍性的原則。

換言之，打從一九四〇年代始，海耶克便認為，支持個人自由的知識界有必要在理念原則上，重新確立、釐清所謂構成和支持西方自由社會背後的根據。他更認為要做好這方面的工作，不能單單著眼於專業的經濟學分析，必須從社會和政治哲學的高度，為自由秩序的重建在理念上進行全面審視、提出主張。海耶克下半生在思想上的努力可以說是身體力行，在這方面嘗試大力推進，他一九六〇年出版的鉅著《自由的憲章》和一九七三至一九七九年先後出版的三冊《法、立法與自由》便是其中經典之作。《法、立法與自由》一書的副題，更是「一份關於公正和政治經濟學自由原則的新宣言」（A new statement of the liberal principles of justice and political economy），直接述明了海耶克在這方面的用心。

◆建構式唯理主義與無限權力

要全面充分的評介海耶克的努力，自然得深入去剖析他在《自由的憲章》和《法、立法與自由》提出的理論主張。如果我們這樣做，涉及的篇幅肯定大大超出了本書所能容納。幸好，海耶克在一九六六年時發表了一篇名為〈自由社會秩序的原則〉（The Principles of A Liberal Social Order）的論文，收錄於同年由芝加哥大學出版社出版的文集《哲學、政治與經濟學研究》（*Studies in Philosophy, Politics and Economics*），本章裡不妨來概括討論海氏如何在論文內論證這些原則對重建自由社會秩序的關鍵作用。

論文開頭便跟〈個人主義：真與偽〉一樣，對歐洲思想史上發展出保障個人自由的古典自由主義，和根據建構式唯理主義引申出來支持政府有無限權力的自由主義，作出嚴格區分。海耶克指出，古典自由主義出自十七世紀下半葉英格蘭立法議會中的老輝格（Old Whig）黨。老輝格黨主張君權有限，認為法律乃一政治社群中行之有效、可規範所有個人行為的公正規則，因此主張法律面前人人平等，以法治保障個人自由。

前一章曾經提到，古典自由主義思想的代表人物在英國有大衛・休謨、亞當・斯密、艾德蒙・柏克、麥考萊和阿克頓勛爵，在法國有貢斯當和托克維爾，在德國有康德、席勒和洪堡，在美國則有麥迪遜、約翰・馬歇爾等。至於建構唯理式的自由主義，對理性有無限的信任，一方面認為只有透過理性嚴格批判審定的方屬合理，同時又相信只有透過理性規畫，才可以評定甚至取代現存的社會制度和文化傳統，進而重新全盤地再造文明，設計出人類理想的未來。海耶克說，相對於英格蘭，歐洲大陸大多採納唯理式的自由主義。法國啟蒙思想家如伏爾泰、盧梭、孔多塞等都囊括在內，還有發展到英國十九世紀後期的自由黨與主張「功利主義」(utilitarianism)的思想家，以至美國所謂「自由派」（liberal），皆是這類傾向。

同樣都用上了「自由主義」這稱謂，但對海耶克來說兩者是有根本分歧的。經典的自由主義主張有限政府，認為在位者的強制權力，必須置於法律和社群中約定俗成的公正規則之下。古典自由主義一般也支持民主，卻不接納多數人的政權可以不受限制，因為不受限制的政府不管民主與否，都算是舉著極權的全能主義（totalitarianism），肯定容不下個人自由。至於建構唯理式的自由主義，理論上卻不主張有限政府，因為如果能透過理性規畫來行使公權，以取代現存中不夠合理的社會制度和文化傳統，進而從頭全盤地造福社群，那為何要限制政府的權力呢？從這層意義上來說，如果建構唯理式的自由主義相信理性於理論上無所不能的話，這套思想和全能主義可以是一致的。放在民主體制的脈絡中來說，建構唯理式的自由主義會支持多數人權力無限的做法，海耶克認為實質而言，等於催生出社會主義的思想來。

◆古典自由主義對傳統的看法

古典自由主義，和建構唯理式的自由主義的另一根本分歧，便是對傳統的評價。由於前者並不接受理性是萬能的，認為理性內在的邏輯局限和社會知識的散落、主觀互動的性質（見前三章的論述）使我們認識到：社會制度與秩序之所以行之有效，很大程度來說是因為有效地利用知識分工帶來的演化而成，非是理性設計出來的結果。因此，古典自由主義對傳統的態度整體上堪稱尊重，在對傳統進行必要的改革時，基本上是小心翼翼、循序漸進地去做。

建構唯理式的自由主義就不同了，篤信理性權威至高無上，既然傳統往往站在理性的反面，有關的實踐充其量是知其然而不知其所以然，這種自由主義自然不尊重傳統，視後者為被批判和改變的對象。海耶克在此更進一步提到，基於同樣道理，建構唯理式的自由主義對宗教信仰包括教會都是不友善的；相形下，古典自由主義和宗教的關係卻不一定有所矛盾。事實上，對宗教信念有強烈執著的人不少同時是秉持著古典自由主義思想的。

古典自由主義認為，社會制度和已確立起來的實踐乃是人類行為互動的結果，在演化過程中幾被認定行之有效，就會逐漸被廣泛採納應用；理論家於是在此基礎上，開始有系統地建構出這些制度和實踐背後的相關原則及其理論依據，使之成為一家之言。海氏相信這就是十八世紀以來亞當．斯密等自由市場理論工作者從英格蘭的成功經驗中，建立出他們自由思想的做法。海耶克於此特別指出，英格蘭的成功經驗和他們實行普通法（common law）的法治（the rule of law）理想是分不開的；不過，為英格蘭帶來良好管治和保障個人自由的法治傳統，卻不一定為英語世界以外的地區所能充分明白。這一點將在下一章討論法治與自由的關係時進一步探討，並會指出戰後台灣的自由知識分子像殷海光先生在接受了海耶克的思想後，對法治仍舊產生不少根本性的誤解，證明海氏之擔憂可謂不無道理。

◆自發的社會秩序

人類行為互動下演化出來的有效制度和實踐，其相互關係在整個群體當中會進而形成一種社會秩序，海耶克稱之為「自發的社會秩序」。由於這種秩序是由群體中每一個體的自主行動互動而形成的，因此，維繫這整體自發社會秩序的「規則」和擁有共同目標的「組織秩序」便大不相同。對後者而言，說到底，維繫相關組織的最後根據，便是組織的共同目標。

當然，為了有效地追尋或達到這共同目標，組織往往會制定一些各成員得共同遵守的規則，以便大家齊心協力，各司其位以達目標。對這樣的組織來說，組織內通則的好壞，應取決於它在多大程度上能促使組織成員有效地去完成共同目標。愈有效、愈直接而具體地替組織達標的規則，自然是愈好的。職是之故，相關的規則可以被視為獲致共同目標的工具，組織內的成員如有責任去遵守這些規則的話，就是要去完成組織的共同目標。

和組織秩序不同的是，自發秩序的形成，並不先要有一共同目標的確立，而是如上文所言，由群體中每一個體的自主行動互動而形成的。就像在市場秩序中，買賣各方當然都是進行交易活動，但每個參與者在進行活動時不但毋須有共同目標；他們對交易對方個人要達到的目標根本可以毫不過問。因此，構成市場秩序的規則例如價格信息，並不可能是達致共同目標的工具，而是協調促成各自參與買賣者活動的通則，即便最後交易不成，或者個別交易者在買賣中招致損失，也無損相關規則的好壞。就像文法的規則不是要規定人們該說什麼，而是為了促進溝通和表情達意，避免意義混淆不清；交通規則不是要指定有共同的目的地，而是要減少交通意外和不順暢；道德規則並非命令人們應落實一些具體的共同價值，而是每個人的行為，不管具體內涵是什麼，都應該文明有禮等。

這些構成自發秩序的規則雖然不是要有關成員達致共同目標，但大家不論貧賤富貴、遠近親疏，都必須共同去遵守這些規則，否則相關的自發秩序便難以維持。這些通則由於不算用來達成實質結果，多是被動禁制式勝於主動命令式；其規範者也多是一般性的條件劃分，而非具體的分配結果或事態後果。

海耶克認為，一個保障個人自由的自發社群，是由確保行為公正而普遍施行的一般性規則所構成的，其重點是確立每個個人不受干預的私人範疇。每個人便能在不侵犯他人私人範疇的前提之下，自由自主地生活、交往等。

◆公權力不該箝制自發秩序

當然，在現代複雜的自由社會裡，自發的秩序和組織的秩序往往是同時存在的。這一方面是因為自由社會歡迎其成員在志同道合的情況，自願地組織起來，於無損他人權利之下去實現他們選擇的共同目的。另外，要維護保障及促進自發秩序在自由社會的發展，經驗告訴我們，得有一個政府組織起來。它要在需要時完善、修正、制定構成社會自發秩序的規則，在對規則的意思、內容或適用程序產生爭議時，作出權威性獨立而公正的裁決，並以公權力進行上述活動、執行有關的決策裁定；有時甚至要防患未然，免使自發的秩序受到破壞，並對破壞者加以制裁。

不過海耶克提醒我們，在自由的社會裡，政府這個公權組織秩序的存在，與其說是把組織的規則凌駕於自發的社會秩序之上，不如說是要保障個人的自由和自發秩序的規則。因此，政府的強制公權力僅適用於推行以法律形式制定、確保行為公正而普遍施行的一般性規則，以及向公民公平地徵集為維持政府公權力及有關組織所必需的資源。除此之外，海氏認為市場由於種種原因，不一定能及時或充分地滿足社會上某些必要的需求，那時政府在擁有相關資源的情況下，可以介入來提供服務，前提是政府絕對不可以壟斷或以強制力來推動這些服務。

總而言之，欲重建自由社會的秩序，消極而言，必須從理念上避免墮入唯理主義的迷思，在理論上要認清古典自由主義和建構唯理自由主義的根本矛盾，並對自發秩序及其規則有清晰的認識，不能與組織秩序及其規則混淆，更不可讓後者凌駕在自由秩序之上。積極而言，如何確定有限政府的設立和功能，釐清法治與自由的關係，還有論證傳統與演化兩者在充實自由秩序的內涵及促進發展上的角色，這些對海耶克式的自由主義來說都是至關重要的。接下來，我們先看看法治和自由的關係。

| 第七章 |

法治與自由

◆法律的真正作用

海耶克在《自由的憲章》裡討論自由的概念時，以「人在人際之間的行為不受恣意的強制力（coercion）所干預」來作為個人自由的界定。從古典自由主義的觀點出發，海耶克認為，作為專擁公權力的政府，它對受管轄下的人行使強制力的唯一依據，就是要防止恣意的強制力；政府在行使公權力去阻止恣意的強制力時，必須以法律規定方式來進行，否則其強制力便等於非法的。

根據以撒·柏林對自由概念著名的「積極自由」和「消極自由」兩種劃分，海耶克對個人自由的理解，偏向於柏林所說的「消極自由」。這也就是說，個人有多少資源、能力可資運用以遂個人選擇或目標，並非決定個人有無自由的標準條件。只要在人際之間的行為不存在任何恣意強制的干預，個人是否能達到預期目標，並不影響過程行為歸於自由的這一性質。不過，對海耶克而言，要防止恣意強制力的干預，或者在這種干預出現時個人自由可獲保障或補償，相關的政治社群必須實行法治。只是，什麼樣的管治才算是法治呢？要確切回答這個問題，海耶克認為我們得正確掌握住「法的性質」、「法」（law）和「立法」（legislation）的重要分野。

第三章討論社會制度和實踐時，可察悉到海耶克承襲了蘇格蘭啟蒙運動思想家弗格森的洞見，認識到歷來人類社群碰碰撞撞中建立了一些制度和做法，多半出於人類行為互動結果，而非推行預先理性計畫好的設計。海耶克後來在《法、立法與自由》第一冊當中，引用了動物行為學和文化人類學方面的研究成果，指出個人遠在有能力用語言文字清晰整理出社群中共同規範以前，便已學懂了在行為上去遵從。相關的規則最終會導致該社群整體上形成某種秩序；如果這種秩序在演化過程中顯得是行之有效，便會讓在實踐上遵從這些規則的群體的影響力不斷擴大，使有關的規則在更大的範圍得以應用。

換言之，從人類歷史上看，人類社群的出現，乃有賴於其成員本身在人際行為上都會遵從能使社群秩序得以維繫的共同規則，儘管各成員在踐行規則時往往不知其所以然。當然，社群在踐行規則的當兒也許不時會遇上問題，例如在某些具體的處境或特定的情況下，關於怎樣才算是充分遵從了共同規則這一點，成員之間可能出現分歧。因此，如何解決這種分歧，對社群來說便構成問題。

必須注意的是，這等分歧問題的出現，建基於認定有一共同規則已先存在，而相關互動規則並非由任何爭議當事者可以單方面預先制定的。所以化解分歧的關鍵點，不在於對共同規則的哪款理解，或對爭議的哪一方有利或不利，而是對所謂已經存在的共同規則應當作何理解，才更符合規則的意思。如此，方可讓有關的規則更好保持住社群內藉此形成的整體秩序。

在此我想特別強調兩點：

第一、對海耶克來說，社群中共同規則的存在，往往並非因為先有幾名立法者預先提供設想，把他們的意願以成文方式制定了相關的法規，然後讓各成員共同去遵守。相反地，「共同規則」的存在，是社群中行之有效的實踐所互動出來的結果。就此而言，如果我們將這些共同規則視作法規，那麼，法規往往在此條件下，是先於成文立法而在實踐中已然存在的。

第二、要化解對共同規則的分歧和爭議，首先應當擺到司法問題上，跳脫立法或政治問題。在處理這樣的司法爭議時，仲裁者很可能訴諸成文方式，把有關規則原有的意涵清楚具體地說明出來，而非去制定新法規或達成什麼政治目標。司法的存在，非為了和立法者分權，乃是在出現法律爭議時，依據法律的觀點，公正地把法規的內涵引用於爭議個案中，並對法規相關的意涵釐定清楚，化解爭議，以恢復法規維持的原有秩序。

◆先有實踐法才有成文法

這種認為實踐法先於成文法的看法，顯然跟海耶克對建構式唯理主義的批評是一脈相承的。

既然社群之中的共同法規是先形成於人際行為的互動實踐，那麼，「法」便不是由立法者先創造出來的。海耶克指出，研究法律的史學家皆同意，人類歷史早期的法律制定，從最早約西元前二一〇〇年的《烏爾納姆法典》（*Ur-Nammu*）到西元前四五〇年左右的《羅馬十二銅表法》，都不是在立新法；說穿了，只是以成文方式把已存在的那些大家一直以來於實踐中遵從的法規，用比較規範的格式記錄、羅列出來（LLL: RO, 81-82）。既然共同法規先存在於實踐互動之中，行之有效的法必定源遠流長，禁得起考驗。好的法因此也就多是古舊的法。當然，這樣並不等於說社群中的共同法規是一成不變的。正確的引申應為，法規的改善或成文法主要不是靠著理性設計方式，將立法者的意志從無到有的創建出新法來，而是依據原就獨立於司法者或立法者外存在的共同法規之內涵，更好地應用到新的情況，提出和法規精神不相矛盾的進一步詮釋，以解決新的分歧或挑戰。

因此，法律至上的法治，其根本含義就是：管治者的首要公職是維護和推行社群內行之有效的共同法規，不是把管治者的個人意志變成強制性的法律。「合乎法治的法律」應當獨立於管治者的個人意志外，否則公權執行者但求達到管治者的意志，逕行凌駕性的統治或制定出強制性規定的話，由於脫出諸社群內行之有效的共同法規，將淪為人治而非法治。以管治者意志取代行之有效的共同法規為目的作出的公權決定，不論管治者是一個人的意志、少數人的意志，還是多數人的意志，都不算法治。所以，海耶克在《自由的憲章》裡便說：「〔就是〕在一個民主制度裡……除非法治成為社群道德傳統的一部分，除非被大多數人承認而無條件地接受，否則法治即不能暢行。」（CL, 206）這裡說的「社群道德傳統」，和「社群內行之有效的共同法規」，是分不開的。

大家應該還記得我們在前一章提到，海耶克認為，以普通法（Common Law，「common」即共同的意思）落實法治的英格蘭及受其影響的英語世界，他們的法治傳統是比較穩固的。但離開了相關的文化語境，人們往往便不能充分明白什麼是法治，以及法治為何對個人自由的保障是如斯重要。在這一點上，我希望提個人物，就是以繼承五四科學民主精神自居、戰後在台灣深具影響力的中國自由主義者殷海光先生。

◆法治與自由

殷先生在周德偉先生的推介下，成為了第一位把海耶克的自由主義思想翻譯成中文的思想家，在一九五〇年代初便節錄翻譯了海氏的《通往奴役之路》。可是，如果我們細讀殷海光翻譯《到奴役之路》（即《通往奴役之路》）關於法治的部分，不難發現其中錯譯、誤解的地方十分之多，根本不能依靠譯文和譯者的話來了解海耶克心目中的法治特質。

我在這裡僅舉一個例子。海耶克在《通往奴役之路》中引用了康德的一句話：「Man is free if he needs to obey no person but solely the laws.（如果人只需要服從法律而毋須服從任何人，他便是自由的。）」（RS, 82）這句話是在對比人治之不自由而法治是自由的，關鍵之處顯然在於法的性質如何能保障個人自由。但殷海光在譯者的話中卻說：「如果法律不是依據一人之意志與好惡來而定的，而是依據眾人之意志與好惡來定的，則服從此法律之人便是自由人。」（《到奴役之路》，頁九二）如此一來，自由與否就非關乎法治和法的性質，乃是看公權決策中所涉及人的意志和好惡上人數多寡之別。海耶克不是說過，民主這個以少數服從多數作決定的制度，其反面並不是極權的全能主義，實是獨裁；因為獨裁者在理論上能是偏好自由、遵守互動通則的，但理論上眾人卻有可能都偏好極權政府而厭惡個人自由，把這種意志以公權化之為強制性的規定，其性質可以是容不下個人自由的「極權民主」（totalitarian democracy）。後者這種情況顯然不符合海耶克觀念中的法治，它把一時一地的多數人意志作為當下的集體共同目的，加諸到社群中每一個人身上。

如果法是人際互動下共同遵守的規則，適用於相關社群內的所有成員，猶且由有關規則促成的社會整體秩序又被認定為行之有效，一個社群依據這些共同規則作為最高公共權威標準進行管治的話，便稱「法治」。

◆法治人治的分別

社群成員在實踐中共同遵守的規則，是人與人之間在進行人際交往時的互動結果。

如果到頭來大家還是認定要繼續遵從這些共同規則，認為相關的規則促成的整體秩序還是可取的，漸漸地這等規則和秩序便成為行之有效的實踐，也成為有關群體的人際行為的對錯標準。海耶克相信，這類共同規則，最能從人類早期的交易活動中看到其發展和演變。他說：「一個人甚至可以說，行為普及規則的發展，並不是在部落這種組織形式的社群內部開始的，而是當一個還未開化的族人，在他部落的邊界上放下了一些物品，希望其他部落的人效法他那樣做，回敬他一份物品，以此靜悄悄地來進行以物易物，由是開啟了一種共同風俗。」（LLL: RO, 82）

對於有責任在社群中維護或推行規則的公權管治者來說，這些通則並非用來服務他們的個別意志或利益。人治、法治的分別，正在於前者是為管治者的個別意志或利益服務，後者是以促成互動交往的通則作為最高管治標準。這些促成互動交往標準由於跳脫出個別意志或利益，不用來達成實質具體的結果，其形式採被動禁制式而非主動命令式，適用範圍普遍而對等，管治者和普通成員同樣受管轄。再者，其中規範多用一般性條件劃分，非用具體實質的事態後果，重點是確立每個人不受恣意強制干預的範疇，使人際互動交往能夠盡可能自由自主地進行。

◆成文法的補充作用

此外，海耶克也承認，隨著社會的不斷發展，實踐中規範著人際互動行為的共同規則也會變得愈加複雜，有時甚至會和享有同等權威的另一些規則產生矛盾。要化解矛盾，便不能單靠有關的規則本身，必須訴諸它們背後維持社會整體秩序的更深層理據。再者，也有可能出現一種情況，就是社群中有突發事件（例如緊急狀態），現行的共同規則不一定能概括處理這種突發狀態，除非有新規則出現以彌補漏洞，否則便會出現法規上的不確定情勢。

在這樣的處境下，社群中如有一套成文的立法程序，對及時化解上述法規上的不確定和漏洞，應是有幫助的。不過，儘管如此，海耶克提醒我們說，這不等於說成文法或立法一定比普通法更具權威性、確定性。嚴格說來，把共同規則成文化或進行補充立法，通常都是為了化解具體上新的爭議或法規漏洞，以恢復原有的法治秩序，但相關的成文法必須要放在社會上原有的，包括普通法在內的整套法律秩序中去理解和運作，方是完整的。如果把這些成文法從整套法律秩序中抽離，甚至將成文法視為必然的最高權威，俱屬倒果為因的做法。個別成文法固然在解決相關某一特定情境下的法律爭議有它的明顯確定性，但當這些法例被引申到另外處境時，該確定其具體意涵是和原有的整套法律傳統、原則分不開的，絕不能孤立地單靠個別法例中的成文字眼，進行抽象的邏輯推理便以為能解決一切法律問題。

職是之故，海耶克認為，實踐所得的共同遵守規則（例如普通法）不光遠早於成文法存在，後者（不管是為解決法規爭議的司法成文裁決或立法者的成文立法）雖是在法律演進脈絡中對前者作出重要補充及改善，但其存在不單是假設了前者的權威，其本身的作用和規範亦應跟前者一致。由是觀之，嚴格來說，不管是司法還是立法，都應該和法治精神一致，以確保人際間互動行為不會受到恣意的強制性干預。

◆立法、司法屬性大不同

有些時候，為了方便說明，海耶克會直接引述休謨的三項「根本自然法」來代表構成法治秩序必須保障的人際互動行為中的整套相關原則，即：穩定的擁有權、擁有權在你情我願的情況下易手、履行諾言的規定（LLL: MSJ, 40）。但立法和司法制度的存在，其主要目的並不是用作權力制衡的分權，而是為了改善、保障法治的分工，因為前者是為修正或補充現行法規的不足來制定法律，後者是對現行法律的意涵和適用性作出權威性的裁決。兩者性質不同，各司其職，但都不應有悖於法治的傳統。當然，古典自由主義者一般對權力過分集中是擔憂的，他們樂於看到權力偏於分散。不過，這裡提到的司法權和立法權分立，主要源於兩權屬性有實質上分別，儘管在行使時皆應跟法治傳統的要求保持一致。

為了維護法治，人類社會的經驗告訴我們，政府扮演著重要角色。政府作為一個組織，離不開藉由制定組織規則，來達到保障法治和個人自由的目的。只是海耶克不忘警告說，政府制定的組織性規則（往往被稱為「公法」或「行政法」）於性質上和促成人際互動而產生的共同規則大不同，如果把兩者混淆，即會對法治的理解造成混亂，犯了前面「人治取代法治」的問題。海耶克指出，在建構式唯理主義思想主導之下，加上近代科技發達致使政府掌握的資源、權力日益增加，包括民主政府在內的公權擁有者愈來愈野心勃勃，認為可以把他們所理解的政治理想透過理性規畫，以組織性的規則形式在政治社群中得以落實。海耶克認為，這種信念與自負是虛妄又致命的。

下一章將會再談組織性的規則，與傳統和自發秩序的關係。

| 第八章 |

傳統、規則、自發秩序

◆政府為法治精神而存在

政府對海耶克來說，其性質就是個組織，主要透過組織性規則構成。從古典自由主義角度來看，政府存在的主要目的，是要以符合法治精神的方式保障個人自由，禁止兼預防社會上出現恣意的強制力，破壞個人自由。顯然，自由主義者不是無政府主義者。他們認為政府有存在的必要，以補充人際互動約定俗成所產生規則與實踐之不足。

海耶克談及社會保障的議題時（如《自由的憲章》第三部分）甚至認為，在不干預市場等自發機制的前提下，富裕社會的政府於道德上對不能照顧自己的人民提供住食等基本保障是可接受的。出於種種原因如天災、傳染病等，浮現市場這類自發機制不能或不及生產足夠公共財（public goods）的時候，政府便有需要採取必要但非壟斷性的措施以補不足，這些都不致違反古典自由主義者的政治原則。

政府既是透過組織性規則構成，如何正確理解及改善這些組織性規則，對海耶克來說同是十分重要的。在這方面，他最具野心的努力就是在《法、立法與自由》第三冊中花了一整章篇幅，設計出一套法治至上的模範憲法框架，從理論上糾正他認為自美國十八世紀立國以來，西方民主憲政所走的歧路。這條歧路使民主政府的權力愈來愈不受制約，讓政策凌駕法治，使討價還價式的政黨政治為了集團或一時的利益，以強制性公權謀取特定階層的實質利益，破壞自由。

在介紹海耶克這方面的貢獻之前，我想先強調兩個重點：

第一、如果我們公道而認真地去探究海耶克的政治和經濟思想的話，不難發現他絕不是個純粹主張政府不作為、讓自由放任市場大行其道的學者。海耶克認為政府擔當重要鮮明的角色，儘管這個角色有限度，其強制性公權亦該受到法治的制約。由是觀之，海耶克主張的古典自由主義，其實和西方政治思想上主催「守夜人國邦」（Night watchman state）的極端自由主義（Libertarianism）也不盡相同。因為後者是把政府的公權角色，完全限制在維持公共秩序之上，於其他範疇絕不容許政府越雷池半步。

第二、為組織性規則作出設計規畫，對自由秩序的重建是重要的。但前提是組織性規則非凌駕於法治或自發秩序之上，而是為後者的完善、發展創造條件。

◆俗成經驗與言詮知識兩軌並行

組織性規則這類成文式和言詮式的設計、解說不應凌駕於自發秩序之上的道理，跟海耶克的知識論是息息相關的。

在前面章節裡，我們論說過何以海耶克會認為人類文明和心靈只能同步發展，理性並不能超然於社會或文明之上，全盤地去設計或改造後者。此外，在日益複雜的現代社群中，人人各有不同的處境、打算、目標等。在這樣的群體中，促成人際互動的知識多是散落在個別人士處於其一時一地的具體環境之中，組織性的規則只可能創造環境，促進人際互動交往，使其各得其所，根本不可能充分掌握或替代這些無處不在的訊息和實用知識。尤需要注意的是，可言詮或成文化的知識、規則，雖在理念內容上較明確且可作清楚實證的解說，甚至在應用或引申時透過理性邏輯推論必然得出確切結論，或是達致預期效果，但它們既非我們知識的全部，也不一定就是社會上行之有效的人際互動實踐中最為重要的知識。

《哲學、政治與經濟研究》這本論文集中，海耶克以孩童學母語為例（SPPE, 43），指出成功的人際溝通和社會互動，並不必須依賴對成文或言詮式理論知識的掌握，而是在具體實踐中有能力跟從約定俗成的有效做法和規定去發揮。就像小孩子對規範他所用母語的文法於言詮解釋的層面上可謂一無所知，但他卻有能力準確地使用這語言，甚至糾正他人的錯誤用法、理解和發音等，儘管他幾乎不知其理安在。換言之，促成行之有效的社會實踐，許多時候得倚靠日常交往中累積下來所謂「知其然而不知其所以然的經驗」。這類經驗未必能充分言詮，猶且離不開具體的行動實踐，而其最終帶來的結果亦非預先定可推演出來的，但我們經常自覺或不自覺地靠著這類經驗來進行人際交往。

也就是說，海耶克認為，人的認知和社會實踐之所以能夠進行並不斷發展，是同時倚靠著可言詮的成文知識及那些約定俗成的經驗。就算成文言詮的知識往往可劃歸為理性的產物，但不能夠得到理性實證證明的經驗或規範亦未必然是反理性、沒道理的。這批經驗多數是因為在有關社群中行之有效，才能累積下來成為大家約定俗成的做法，甚至成為社群習以為常、不假思索的規則。從這角度來看，根據海耶克的社會哲學，一個社群或共同體之所以能在面對外在環境不斷改變的挑戰中維持於不墜，其傳統必須同時擁有未必能言詮化的種種約定俗成經驗、智慧、行為慣例，以及從經驗中提煉出來可進一步成文化或言詮化的認知、原理、技術等理性知識。

如果我們的社群實踐中，將理性只局限在成文或可言詮的認知，把傳統只視作為不能得到理性實證證明的經驗，並將兩者對立起來，甚至以褊狹的理性觀點來否定推翻所謂的傳統習慣，皆是以偏概全的做法。海耶克進一步認為，比較全面完整地去理解可持續的社會實踐，不但不應把傳統和理性割裂對立起來，更得要讓大眾認識到，社會的發展是不可能透過中央規畫方式預先設計出來的；而且有關實踐能不斷適應、發展、創新，主要並非單單倚靠成文或可言詮化的知識，乃是得由個人自由地依據自身經驗進行探索。

◆園丁式的繼往開來

海耶克說：「如果人是無所不知，如果我們不但對所有影響達致我們當下的期盼的事情都知悉，而且對影響我們未來的期盼和慾求的事情一樣瞭若指掌的話，那麼便沒有什麼好的道理去維護自由的了。換言之，個人自由當然是會使完全預見的結果變得不可能。自由之所以是必須的，正是為了不能預見和不可預測的結果留出了空間；我們要自由，就是因為我們學會從自由中預期有機會實現我們不少的目標。」（CL, 29）

由於人不是全知的，能夠自由地依據自身的經驗進行探索便相形重要，畢竟少了這自由空間，社會實踐便不可能對種種不停的變化不斷加以適應。透過社群個別成員依據自身判斷進行不同的經驗探索，誰的實踐結果最成功有效，其做法便會被其他人採納，甚至成為行之有效的標準。社會實踐的創新，往往便是這樣問世的，直至這行之有效的做法日後成為社群內約定俗成的慣例。

換言之，要社會不斷適應和面對種種不可預見的新挑戰，社會實踐自是不能停滯不前、一成不變。但由於理性不可能為我們建立全知觀點及完全準確預測未來一切的能力，我們便不可能對社會未來發展於理論上提出全盤的理性規畫，光靠成文或言詮化知識把社會發展藍圖勾畫出來並加以實現。因此對海耶克來說，真正的社會發展，必定是繼往開來的。我們既不可能全知地做出全盤改變，那便只能在原有的基礎和脈絡之中，進行內在革新，以原有脈絡內一些被繼續認為是好的原則和資源為準，發展出一些不同的、新穎的做法，或修正另一些被認定為不足的原有實踐慣習，看看是否為社群整體帶來更好的效果。就此而言，我想海耶克會同意席爾思（Edward Shils）以「園丁」意象來形容基於傳統的繼往開來所行的改革。席爾思說：「傳統之手不是僵化的過去，而是像園丁之手般，孕育和帶出社群之中已然存有的一些判斷傾向；倘無這種明確悉心的栽培，這些原有的判斷傾向未必能夠茁壯地自我孕育成長起來。」（VC, 107）

這種園丁式的孕育栽培，當然可以有成文式的規畫，但其中顯然牽涉到更多具體細緻、因時制宜式的經驗判斷，才能循勢利導，獲致成果。正如一位名廚烹飪出來的佳餚所要求的廚藝經驗，絕非他所撰寫的食譜所能盡錄（雖然食譜不能說毫無作用），他實際烹調時的具體判斷和因時制宜的技術，只能在行動實踐中顯露出來。海耶克或許重視理論知識，但他也認為，無視了實踐中方可顯露、未必能言詮的經驗判斷，否定了它們同屬知識一部分，或者認為理論知識於任何情況下都應凌駕這些經驗，便是犯上了他批判的建構唯理主義的迷思。因此，單靠全盤式理性規畫來進行社會革新，好比是緣木求魚。

◆社會演化是在求進步

園丁因時制宜地去孕育先前沒受到栽培但已存在的苗頭，這自然涉及園丁的品味、判斷，甚至對園藝的理想等。不同的園丁若皆享有自由空間，絕對有可能拋出不同選擇，把原有的潛能栽培成各異的可能。但不論是哪一種選擇、栽培出哪一款可能，這些都是內在的培育。儘管事前沒有人確知結果會怎樣，哪種（包括一種或多種）培育最終能行之有效、成為主流，其性質都是繼往開來的。

二十世紀具有保守稟性的傑出思想家歐克秀（Michael Oakeshott），他在談到傳統行為的特性時說過，如要指出傳統行為的原則，那原則便是「繼往開來」。規範傳統行為的權威分散在過去、現在和未來，新、舊與將臨者各占有一席，任何部分都不應凌駕其他（RPOE, 128-129）。歐克秀進一步指出，由於傳統行為必然包括只有在實踐中才能顯露出的部分，這方面知識判斷免不了偏向具體瑣細，不可能只是抽象或理論性的，唯有透過親身浸淫才會學到，不可能單靠言詮便曉得。

不少保守主義者，想必會以「和諧」來形容這繼往開來的原則。但海耶克這位自由主義者卻認為，這種不斷適應環境的社會實踐和演化，其實是尋求「進步」的經常性努力。不過，和一般對進步的理解不同，海耶克所謂社會演化中的進步，並不存在一個先驗認定是更好的已知目標。他認為更準確的理解該為，進步應是人類智力不斷形成、修正、適應、學習的過程。在這過程中，不但是我們所知悉的可能性、價值、慾望會因應發展而不斷加以改變，其進步的地方，正是透過此過程使我們不停發現新的可能，以及具潛力的未知領域。

當然，以海耶克對建構唯理主義的批判，他不會同意在這進步過程中，人類理性可以掌握到社會發展的規律，使我們能夠準確地預測未來，把未知變成確知，把「嘗試錯誤法」（trial and error）演化還原成可靠的規畫。不過海耶克相信，如果我們讓演化過程自由開放地去進行，所帶來的種種嘗試將會不停為我們發掘新的潛在可能，更可以透過比較，把實踐中失敗的嘗試丟棄，學習和模仿那些行之有效的做法。儘管我們不可能在演化之中預知結果，確知未來，但海耶克認為，我們起碼可以在理論上盡力理解那些協助成功演化所累積的真正有利條件，以指導日後的社會實踐，提升演化成功度和機會（見《自由的憲章》第三章）。

在這方面，海耶克認為亞當．斯密堪稱是成功在理論上勾畫出「市場機制」（包括經濟自發秩序的性質和所倚仗的運作條件）的領頭羊。

我們也同樣能講，海耶克將亞當．斯密的理論認識往前推進了一大步，把焦點從勞動分工轉移到知識分工之上，幫助我們更準確深入掌握到經濟自發秩序的特色所在，可以更自覺地去配合或促進這秩序的運作。儘管這些理論上的認知並不能替代具體經驗的實踐，更不能準確規畫未來發展的結果。

◆海耶克質疑西方民主經驗

同樣道理，從政治思想上，透過對建構唯理主義的批判、真偽個人主義的區分，以及對包括法治在內的構成自由秩序原則的認定等等的梳理，海耶克宣稱他有理由相信：西方過去兩、三百年民主政治的發展愈來愈誤入歧途，使民主政治非但保障不了個人自由，法治精神與制度亦遭受破壞，令這種民主制度日趨倒向自發秩序的對立面。作為理論家，他雖不致天真地以為自個兒有能力單靠理論上的撥亂反正便能夠扭轉乾坤，但他相信，憑著對自發秩序所倚仗條件的理論認知，他可以推論出現實上西方民主制度到底在哪些地方走偏了路。

若要繼往開來地為政治制度重新設計出一套符合自發自由的民主體制來，其組織上的規則應當怎樣安排，海耶克認為政治理論家在這方面肯定可以作出貢獻。於是他提出了一套模範的憲政體制，務求修正現實民主制的錯誤，更有助於民主在法治框架之下運作，保障個人自由，避免自發秩序被組織性規則或其他恣意的考慮給剽劫（LLL: POFP, 105-127）。

對海耶克來說，自美國獨立戰爭以來西方民主發展的一大問題，是把人民主權理解為多數決的權力應不受限制。西方民主政體的歷史經驗顯示，要在議會或政府中取得多數支持，有效的做法是成立政黨，或就某些共同關注的政治議題夥集聯盟來爭取公眾相挺。於是，討價還價式那種為一時短暫共同利益而結盟的政治，逐漸成為民主政治常態。一旦這種建立在利益交易上的臨時政治結盟取得了多數，為了獲取最大利益，有關的結盟便會透過議會或政府多數決來鎖定對其支持者立場最好的結果，且盡最大努力去壟斷相關的決策過程。加上人民主權下多數決的權力被理解為是不受制約的，因此現實的民主實踐頗容易變得急功近利（畢竟是臨時結盟）、民粹（為了取得容易見異思遷的多數支持）、獲授權便應有權盡用（因為權力不受制約）等等。

在這樣的政治背景之下，建構唯理主義的興起，把理性的全盤規畫和不受制約的權力結合起來了。主張者以為只要我們以理性掌握了相關的知識和技術，便可以把我們的政治意志在取得多數支持後變成政府的政策，再透過多數決形式使政策晉升為有約束性的法律，賦與決策政治上和法律上的權威，讓法律為當下臨時結盟的多數政治意志服務。如果這種多數的政治意志認為社會應把資源作強制性的重新分配，以達致某種預先所設定「社會正義」的結果，那麼政府便應當立法這樣做，就算這樣做會牴觸、干預，甚至取消社會上某些約定俗成的實踐也在所不惜。因為民主的正當性源於主權在民，透過其不受限制的多數決的權力，以科學理性的方法把多數人的政治意志以法律形式實現到政治共同體內，正是民主的理想。

職是之故，海耶克對西方現實上的民主經驗是頗有保留的，擔心這種民主其實已墮入極權主義的窠臼，倒戈往個人自由、法治和尊重自發秩序的對立面去了。

◆議會制度新構思

我們在第七章提述過，即便出於多數人的意志，倘和法治有所牴觸，硬把多數人意志在政治上強加諸共同體成員的身上，那仍舊是人治而非法治。為了使民主制度符合法治，海耶克首先指出，主權雖是國邦擁有的最高權力，但這權力並非無限的，乃是用來制約社會上可能干擾個人自由的恣意強制力，並維護、改善、推行在社會演化過程中禁得起時間考驗的那些眾持分者都願去遵守的通則。

要保障這一重點，海耶克在他提出的模範民主憲法中，認為應該在現有的民選議會上，另外設立一個權力獨立的立法議會。這議會同樣該由民選產生，但其主司的職權是集中維護、改善上述那些獲政治共同體認同該遵守的行為規則。跟現有民選議會不同，這個獨立的立法議會必須與政黨政治盡量分開，所有選出來的議員都不能隸屬於政府部門或是政黨、參政組織。此外，為了進一步使這獨立的立法議會跳脫短期的利益結盟和黨派政治之影響，並免除議員們為尋求連任下對議會中立法工作有所顧慮，海耶克提出了解決方案。那方案就是，這個獨立議會的議員只能在年屆四十五歲那一年才可參選，所有選民都是候選人的同輩；獲選者任期長達十五年，這項公職足以維持議員的生活，但議席不得連任，到了六十歲任期結束時便得退休。

顯然，海耶克這項提議想達到的目的，是盡可能把政治和法治在法律制定的層面中作出區分。由於現存的西方民選議會要麼是與政府行政機關直接相連（例如議會制中的多數派籌組政府成為執政集團），要麼便是監督行政機關、在一般政策和公共財政上與之討價還價的對象；再加上政黨政治的介入，使現有民選議員中絕大多數分成壁壘分明的執政黨、反對黨，在進行立法工作時往往讓政治考量蓋過法治公正，政策主導多於創造條件，難以訂立公正的共同行為規則以保障個人自由和社會上的自發秩序。

因此，海耶克想到這釜底抽薪的辦法，索性把維護和改善法治的立法議會功能，與監督政府施政的議會功能分開。也就是說，以一個超然於政府政策、政黨政治的民選議會負責前者，把現存的議會保留黨派政治的性質，但其議會功能則局限在後者，所通過的強制性規定（不論政策上和公共財務上）都不能跟獨立的新民選法治議會通過的共同行為規則有所牴觸。我們應可察見，海耶克這提議的靈感，既來自現實民主政體中的兩院制，也參考了現存司法機關獨立於政策、行政和黨派利益外的安排，同時盡量以擇優措施作為選拔的標準（如議員終身制、非黨員制、由同輩在中年後以夠成熟與認識度高的情況下來選出）。所以，這建議可以說在大膽之餘，還兼顧了繼往開來的傾向。

◆催生「憲法法庭」與國際憲章

把原有的立法議會分拆成法治的立法議會和政策的監督議會之後，海耶克還接著提了別套建議。他說，為解決兩邊議會在管轄權上可能出現的爭議，這模範的憲法得同時成立一個「憲法法庭」，替此類爭議依據法治精神給出最權威的裁決，以釐清雙方管轄權及其通過法規的適用範圍和憲法地位等等。當然，民選政府還得繼續行使其行政權和執政權，並由一常設的公務員官僚機關執行政府政策、提供公共服務。

海耶克清楚地指出，他對這模範憲法在理論上拋出種種構想設計，並不代表他以為單有這番論述便可將之付諸實行，把民主歧途撥亂反正。相反地，他認為在缺乏法治傳統和自發秩序的國家中，要推行這套憲法基本上是不可能的。但海耶克強調，這種理論認知上的澄清及憲政原則上的揭示，將有助我們對法治之下的民主政制有更全面、更確切的了解，讓這政治理想更具說服力；除此之外，猶能為當代尋求區域性和平合作、建立嶄新的跨國性憲政的努力（例如歐盟）提供啟迪引導作用。

歐克秀在他著名的〈政治中的唯理主義〉（Rationalism in Politics）中，批評了反對中央規畫的海耶克，說海氏到底還是以一個規畫來反對所有規畫，其進路仍舊擺脫不了理性主義（RPOE, 21）。我想這批評當是有一定道理。不過，如果我們採納較為同情理解的觀點來看海耶克，在他的思想中，自發秩序的傳統從來都是含括了可言詮的系統性抽象理論，以及只存在於具體行動中非成文的行為慣例。這兩方面性質完全不同，不能以偏概全或以此代彼，但卻往往互補不足。

海耶克相信，在清楚明白了這種互補關係後，我們即使不可能設計出一個必然進步的社會，但卻在理論上多少幫助我們增加認識，明白到自由傳統和自發秩序何以更能發現潛在可能、帶來更多機遇，讓個人透過知識分工，受益於他所未悉的知識，避免跟著犯上其他人曾犯過的錯誤。於這意義上，我們不啻看到，自由自發的傳統往往就是最能主動適應環境變遷所帶來挑戰的進步過程。這與保守主義者不歡迎改變，或採取被動式的逆來順受，始終是有分別的。

因此，海耶克堅稱自己是重視傳統但擁抱進步的自由主義者，不是保守主義者，並非沒有道理（CL, 397-411）。不過說到底，我認為每一位政治思想大師的核心理念內容，通常都難以適當地完全以單一政治意識形態來概括。這是因為大師之所以為大師，就在他們的思想洞見既豐富又兼顧到各種理論發展引申詮釋的可能。因此在這裡，重要的不是海耶克究竟屬於自由主義者，抑或保守主義者（相同爭議也發生於歐克秀在內的其他思想家身上），而是我們對海氏主要思想中的理論脈絡是否有一深入精微的掌握，方可更學習到大師的學問修養，明白其理論對人類面對重大政治問題觸發的洞識力。

| 第九章 |

演化與去政治化

◆人類社會價值出於文明演化

分析到這裡，我們應該充分明白到，海耶克的政治和社會哲學是以他的知識論作根據的。他對個人自由的維護與證成，同樣建基在他對理性內在局限的認識，以及對人類互動裡自發行為於社會實踐不可或缺的掌握之上。戰後西方自由主義政治哲學的主要發展中，這一點正是海耶克思想獨到之處，把它的理論與同期其他重要自由思想，包括康德建構式的自由主義（如約翰・羅爾斯）、洛克式的權利論自由主義（如羅伯特・諾齊克）、完美論傾向的自由主義（如約瑟夫・拉茲）、務實地正視人性陰暗面的自由主義（如茱迪・史珂拉），給區隔開來。

儘管海耶克的思想在一九七〇年代以前不太為西方專業學界主流所接受，其政治哲學在美國頂尖大學專業哲學或政治系受重視的程度也不能跟羅爾斯相提並論，但他在一般知識界和政界的影響力卻是巨大的。特別是從他發表了《通往奴役之路》之後，其思考不啻刺激了美國雷根政府、英國柴契爾政府、改革開放後的中國大陸，以及一九八九年前後的東歐反對派和改革派。

冷戰結束以後，西方學術期刊《政治、哲學及經濟》（*Politics, Philosophy & Economics*）創刊編輯之一的傑拉德・高斯在討論二十世紀自由主義時，也不能不說：「現在，所有的自由主義都是市場自由主義。」（IDTPC, 21）由此可見海耶克式自由主義在理論上和思想史上的重要性。

有一種意見認為，海耶克的自由主義集中在知識論而非從道德上去證成他的思想，因此這種自由主義欠缺價值內涵（HOL, 150）。我並不同意這個批評，理由如下。

理性的局限，使海耶克明白到全盤規畫社會發展的不可能。畢竟社會制度和實踐主要是人類互動行為的結果，這種互動會隨著客觀環境的改變和參與者的盼求來不斷適應、調整，透過試錯過程，發展出行之有效的做法、社會規範及行為規則。這樣的互動演化，當然不可能預知具體的結果，也不能絕對保證過程中不會犯上嚴重的錯誤。

但是，海耶克這裡談到的演化顯然屬於社會文化性，涉及的是社會制度、人際交往行為規則，其中免不了規範到社群成員什麼可以做、不可以做，哪些做法是好的或對的、哪些是不好的或錯的。這些規範長遠而言是否可以持續見效，在理性有限的前提下，當然只能待演化過程的實踐結果才能最終證明。但這些制度、規則與做法若是不含價值內涵，其好壞對錯的規範性又從何說起呢？此問題的答案，正是基於其知識論。

海耶克認為，人類社會的價值往往不是天生的，更非理性抽離於文明演化過程便能夠推斷出來的，乃是透過社會實踐中有關行為規則的演化過程逐步確立出來的。

◆拿人口論文明高低，問題何在？

不過，我認為海耶克於文明演化論的問題並非缺乏價值內涵，該說是這樣，當其內部出現較根本的價值衝突時，這套論述的指導性作用便顯得不足夠，甚至會引出一串拉鋸。我們或可稍肯定地講，由於世間多樣性和外在環境不確定性，人類演化建立出來的文明傳統，總是複雜紛紜又有拉扯的，雖然每個自成一體的文明或傳統都有其整體上各別獨特的風格屬性。尤有甚者，據海耶克認為，人類漫長演化過程中，我們除了承襲了祖先基因和生物演化外，於文化也承繼了祖先們適應不同社會形態所演化出來的不同特性，就如大概五萬代以前為了適應小型部落社群生活而出現的內在動物的「本能天性」，約一百代至五百代以來又要適應農業社會，還有現下市場主導的開放社會（見LLL: POFP, 155-160）。

海耶克說：「雖然我們仍舊擁有跟原始人相同的性情特徵，但原始人卻不像我們那樣創造文明、有對動物天性的自我約束力。」（LLL: POFP, 160）換言之，現代人既是文明演化的產物，同時也具有內在矛盾的性格，因為一方面我們仍有符合小部落社群那種血濃於水的內在動物天性，但又得有約束這天性的紀律，以適應與陌生人建立淡如水關係的大型開放社會。海耶克繼續說：「實際上，倚靠著跟理性無直接關係的風俗習慣來駕馭內在的動物天性，是創造出文明的主因；這些風俗習慣，使人數逐步增長的大規模有秩序群體變得可能。」（LLL: POFP, 155）

換言之，文明社會的實踐演化相當複雜矛盾，可謂充滿價值拉鋸的過程。儘管海耶克認識到人類既非全知，演化最終結果會怎樣，是事前不能回答的問題。他顯然認為演化過程該能促進自發秩序的發展，讓自發群體藉由善用種種協調性的知識，不斷伸延擴張，以使群體人口不停增長，影響力不斷擴大，那肯定是他認為的進步。不過在當今的世界，拿幾個能維持最多人口的政治社群如印度、中國來說，它們難道就是文化演變上最成功、最代表進步的自發秩序呢？

對這個問題，我想沒有幾位自由主義者不會給予「否定」的答案。就算我們把中國過去近四十年經濟開放改革的經驗算進去，也不能說中國的政治演化和秩序，是保障個人自由至上的。職是之故，能維持最多人口這結果可否得證是最促進自發秩序的演化，實乃大有疑問。

◆文明價值的張力

至於不同價值之間的張力，海耶克絕對是支持像法治、自由市場這類促進自發秩序的規則，希望以此來制約如部落式甚至是宗教式的利群主義那些返祖式價值。只是同時之間海耶克又意識到，少問共同目標、強調程序公正、成員間關係淡如水的開放社會，於演化過程中往往情感上敵不過親疏有別、敵愾同仇式的社群價值：

當人們既不喜歡、又不明白〔開放社會〕的傳統，對它帶來的效果既不欣賞、又未能預見，人們甚至仍舊奮力抗拒這傳統時，他們又怎可以一代一代的去承傳這傳統呢？（FC, 135-136）

於是，海耶克又緬懷當今西方社會已經失去了對宗教那種神聖的信仰：

〔宗教〕這些事實以外的信仰過早地失去，使人類現在享有的伸延秩序（extended order，作者按：即自發的秩序）在長期發展中喪失了一有力的支持。不管這些信仰是真的還是假的，失去了就造成極大的困難。（FC, 137）

換言之，現代的開放社會，自發伸延的自由秩序構成一個複雜而充滿拉鋸的世界。人類服膺於這種秩序規則時，的確取得了不少海耶克所說的進步，但這種進步卻付出百般代價，包括要放棄不少我們過往珍惜的傳統、神聖價值和感情，同時也要在不確知未來結果的情況下，犧牲傳統中與進步發展不一定協調的穩定力量。

由此我們可以想像，伴隨現代人自由選擇空間不斷擴張和物質生活上不斷改善的，是心靈上的焦慮、對未來的徬徨、群體凝聚力的下降、個人責任的增加，以及對安身立命的迷惑。這般現代秩序，終極來說在價值上是好是壞，從海耶克的文明演化論看，是不能解答的。這一方面是因為理性的局限不能讓我們洞悉到終極，另一方面則因價值跟文明演化是同步的，對價值的評價只能從內在提出；當內在的標準充滿拉鋸時，這種秩序是好是壞，便不是個非黑即白的問題。

◆海耶克堅守自發秩序

我想，總體來說，海耶克是認真的自由主義者。他堅決維護個人自由，相信自發秩序會帶來進步，更對現代文明基本上持樂觀積極的態度。他一生中在理論和思想上的努力，主要著眼於釐清現代文明作為自發秩序的特質以及理性的局限，並警告現代人如果誤以為科學理性萬能，將會把人類社會導向災難性結局。

海耶克著作，像上文那樣提到現代開放社會關於內在拉鋸的地方並不多。在這方面，最經典的論述可能是韋伯對工具理性當道下，現代性的「世界不再令人著迷」（"the disenchantment of the world"，摘自林毓生譯句，見〈關於文明物質化、庸俗化與異化的通信〉，頁二〇八）的說法。但海耶克並不像韋伯那樣對資本主義社會持悲觀的態度，認為經濟發達、科技進步既取代了盲昧的巫術和迷信，同時也把理性的神聖地位給工具化、庸俗化了，導致安身立命價值的喪失。

海耶克寧願對終極價值的問題存而不論，傾向集中討論自發秩序不保會帶來的即時災難。他說：「我不會宣稱，社群選擇不同傳統的演化結果必然是『好』的……我要宣稱的是，不管我們喜歡不喜歡，如果伸延秩序文明這種我先前提及過的傳統不能繼續的話……我們將會把人類的一大部分置諸貧困和死亡。只有在我們充分面對這些事實，我們才可以、或有資格去考慮再做什麼對的和好的事情。」（FC, 27）

就是這等實事求是的觀點，使海耶克更關注建構唯理主義的危險，警告在此思維下把公權變成極權工具，推行全盤改革計畫對人類社會帶來致命的破壞。晚年的海耶克主張要把政治從統治的位置拉下來（the dethronement of politics，見LLL: POFP, 128-152），把最高公權限制在這類否決式的消極權力之上，以防政府權力無限擴大到不受制約。他甚至主張收回政府發行貨幣的權力，讓不同的私營貨幣發行商透過自由市場的競爭，提供更可靠的貨幣。因為經驗證明，政府在這方面的壟斷權不單未能穩定貨幣的價值，還透過種種恣意的手段（如通貨膨脹）濫發貨幣，以滿足短期兼權宜的政治目的（DOM）。

在此，我的訓練使我沒有資格討論海耶克這項大膽不尋常的貨幣政策建議。但在行使公權方面，倘要在政治上保護海耶克所說的伸延秩序文明這個演化傳統，倘要糾正海耶克所說的自美國獨立戰爭以來民主發展的歧途，落實他所提出的模範憲章的框架的話……不積極地取得最高的公權、不在制度上建立相關的政治架構、不在執行上主動防範公權的濫用、不在社會上鼓勵自由的文化實踐、公民關心國是、發揚自發秩序的政治德性，單靠行使否決權是否足夠呢？

在這方面，我想雷納托．克里斯蒂（Renato Cristi）底下的評價，便頗一語中的地指出其中要害：

> 海耶克的「自發秩序」理念，假設了公民社會自主和自我規管的能力。這應該確定了在公民社會的範疇內，政治可以退下來。不過，國邦在這裡加諸自己身上的這項消極任務，其決定權和維護這決定的行動，俱是由國邦所為。所以，認為應該把國邦的行動只局限於消極方面的做法，是由國邦積極而主動地決斷出來的。因此，把公民社會去政治化，可以辨證地反過來證明，國邦是主動地在政

治範疇上保有其壟斷的權力。（CSAL, 167）

作為思想家，海耶克在理念上對古典自由主義已然貢獻良多。儘管我們或可在這兒那兒對他的觀點提出商榷，但如何在政治上行使積極主動的公權力，以協助促進自發秩序的進一步演化，這大概就留待政治家去傷腦筋好了。

| 第十章 |

海耶克與中國自由主義

◆海耶克思想的引進

海耶克的思想，對戰後中國自由主義的發展，在某些重要方面發揮著關鍵性影響，近年尤漸受到華文學界關注。周德偉、夏道平、殷海光幾位前輩思想家，在一九五〇年代到七〇、八〇年代的台灣，正是透過譯作、著作，有力地引進和推介了海耶克思想的中國自由主義者。

林毓生同時是殷海光和海耶克的學生，在周、夏、殷這一代中國自由主義者的基礎上，他從一九七〇年代至今，進一步深化並推動海耶克服膺的古典自由主義。他著重於古典自由主義如何與中國傳統開展對話，希望透過「創造性轉化」的方式，把中國傳統裡值得改造、重組的東西，變成有利的文化資源，使自由、民主、法治等現代價值與制度，能夠在中華文化環境下生根成長。

必須指出的是，中國自由主義在戰後台灣並非沒有其他主要的發展；其中張佛泉的《自由與人權》的發表便是一例。另外，就是關於海耶克思想在台灣純經濟學界亦有值得重視的表現，例如在推動與海耶克相關的自由市場理念和貨幣理論上，包括蔣碩傑、邢慕寰、施建生這批經濟學家便有亮眼的貢獻。但由於這本小書集中於海耶克政治和社會思想方面的論述，以及偏專業的經濟理論和貨幣議題，我既不能稱職地討論，便只好讓賢給經濟學家、經濟思想史家去發揮了。

戰後台灣自由主義的發展，在中國自由主義的思想脈絡上，發揮了繼往開來的重大作用。自從清末嚴復等開始引西方自由思想入中國來以後，中國自由主義雖然長久受到來自傳統衛道思想、社會主義式革命思想的雙重夾擊，然透過新文化運動旗手之一的胡適為首人士們的努力，一直以來還算得上是五四運動之後，中國思想界一股重要的思潮。但到了一九四九年共產中國成立後，經過中國共產黨一黨專政及其種種思想改造、政治動員運動，中國自由主義者在大陸足足三十年毫無發展空間。留在大陸，以往跟共產黨保持一定合作的自由主義者（如儲安平、張東蓀、羅隆基等人）像大多數知識分子那樣，受到了不同程度的政治迫害，失去了表達甚至是不說話的自由。台灣的自由主義者於這段時期的努力，儘管不少也受到國民黨蔣氏政權箝制，卻算是保住了中國自由主義的命脈。此期間透過海耶克思想給台灣自由主義者的推動，且隨著改革開放政策帶給世紀之交中國大陸學術思想上相對寬鬆的環境，使台灣的自由主義者對大陸傳承中國自由主義起了重要的作用。

◆對台灣自由主義的影響

我所見最早以一整篇篇幅來討論海耶克對中國自由主義影響的論文，是一九九二年熊自健發表的〈戰後台灣的自由主義者與海耶克思想——以殷海光、夏道平、周德偉為例〉（《當代中國思潮述評》，頁一—四二）。綜觀熊自健這篇文章，我們可以看到他認為海耶克對殷、夏、周幾位台灣自由主義者在思想方面的影響，主要集中在以下幾方面：

第一、海耶克的自由經濟思想，從根本上改變了台灣自由主義者以為「政治自由」和「經濟平等」可同時並存的看法。

第二、透過海耶克在《自由的憲章》等鉅著的分析，台灣自由主義者大大加強了對自由之價值、自由條件之保持、自由與法治間關係等的認識。

第三、透過海耶克對真偽個人主義的辨識和對自由主義倫理基礎的探索，台灣自由主義者開始毫不含糊地提出「把人當人」這種「康正的個人主義」，作為自由主義的根據。

此外，透過海耶克的社會哲學、有限理性及批判理性的主張和對科學主義的批評，台灣自由主義者察見兩種不同的社會秩序（「自生自長的秩序」和「設計作成的秩序」——夏道平用語）在性質上不能調和的分別，進而明白：倘欲保障個人自由，政府在行使公權時須保護私有產權，且在稅收、財務、經濟、勞工、結社等方面，政策上要鼓勵個人自由自發的行為，限制政府的干預角色。最後，透過海耶克古典自由主義對笛卡爾建構式理性的批判，以及對英式（特指來自蘇格蘭）的道德哲學家如休謨、亞當・斯密等對傳統演化的論述，台灣自由主義者首次在中國自由主義思潮中，清楚提出了自由與傳統的親和關係這一課題，其中海耶克頭號華人學生周德偉於此把自由主義和中國古典儒家思想嘗試作出的整合（見《自由哲學與中國聖學》），更被認為是必須「突顯」的一項理論舉措。

張世保在〈「拉斯基」還是「哈耶克」？——中國自由主義思潮中的激進與保守〉（哈耶克為海耶克的中國大陸譯名），以及林建剛在〈從拉斯基到哈耶克：胡適思想變遷中的西學〉中以幾個具體的例子，進一步闡述了中國自由主義者何以戰前服膺拉斯基（同於倫敦經濟學院任教）這位左翼自由主義派的「經濟平等」主張，戰後竟接受了與前者針鋒相對的右翼同事海耶克所主張的論述：「經濟平等」與「政治自由」不能並立。張世保的文章也指出了因受海耶克文明演化思想的感染，中國自由主義者從反中國文化的激進立場，轉而開始重視中國傳統本身，為中國自由主義在這方面促成了一大轉向。

◆拋給中國知識分子的震撼彈

海耶克的理論不僅影響一九五〇年代台灣自由主義者思想上有所改變，到了八〇、九〇年代經歷過文化大革命的大陸知識分子身上，海氏《通往奴役之路》帶來更有如印證預言般的震撼。《南方人物周刊》主筆何三畏於二〇一四年五月發表的一篇有關《通往奴役之路》的文章說：

〔該書〕在第九章的開頭，作者〔即海耶克〕先引了列寧在一九一七年的一段話：「整個社會將成為一個同工同酬的管理處，或報酬平等的工廠。」接著，哈耶克又引了托洛茨基在一九三七年的一段話：「在一個政府是唯一雇主的國家裡，反抗就等於慢慢地餓死。『不勞動者不得食』這個舊的原則，已由『不服從者不得食』這個新的原則所代替。」……上世紀九〇年代初，我第一次讀到這段話，就深深地記住了，因為它概括了我八〇年代在工廠觀察的心得。（〈以預言者的姿態捍衛言論自由〉）

目前在中國大陸思想界頗活躍的自由派知識分子秋風在〈經過哈耶克重新發現和轉化的傳統〉一文中，進一步提到海耶克理論於此方面的雙重意義。首先，海耶克基於有限理性的英式自由思想，開展出對文明演化的解釋，指出了根植於文明內的制度和傳統做法往往並非個人理性或設計意圖所造成的結果；人類文明中大多數實踐知識，亦泰半體現在那些難能用理論知識或語言闡明的「理性不及」的制度慣例之中。這類制度和做法雖是行之有效，卻不一定能為人所意識到或以理性語言完全演繹出來，多蘊含著長時間累積下來但不能明言的豐富經驗判斷。而我們去跟從這類制度慣例賴以構成的規則，正是文明得以運作之道。想創新改變，依這等思路推演，也只得在「邊際上進行」且採用「內在的批評」，靠同一文明內較廣被接受的做法作為標準，修正文明內在當下具爭議的做法。如果我們以為會有一外在於相關文明的理性標準可全面地建構一種全盤的改革，來取代這類傳統做法，那又犯了理性致命的自負。

秋風認為，海耶克上述理論除了解開中國自由主義者以往傾向要全盤西化的心結之外，同時也讓他們意識到，傳統中諸多欠缺理性的領域，我們沒理由認定百分百會跟發展自由民主法治這回事產生衝突。有了這番對傳統較親和的認識後，台灣的自由主義者像周德偉、林毓生，便嘗試在這方面進行觀念上的梳理，看看如何促成傳統與自由法治等的親和關係，促成創造性轉化。

◆放下全盤改革的虛妄——秋風

觀念上的努力之外，秋風認為，有了對有限理性的認識，自由主義者便應放下全盤改革的虛妄，轉投向局部制度性改革的努力，尤其應在憲政制度上尋求一漸進的改變。

他說：「在周德偉的思想典範刺激下，過去幾年中，我一直尋找……現代中國思想和政治的中道傳統。……在清末立憲派、張君勱、陳寅恪、周德偉、現代新儒家等看似彼此毫無干係的人物和思潮之間，存在著內在而深刻的關連。我將他們概括為『現代中國的保守－憲政主義思想與政治傳統』」。他稱這是中道的自由主義，因為「與之相比，激進革命傳統固然是『歧出』，因其在政治上傾向於專制，在文化上趨向於單純的破壞。現代自由主義傳統也存在重大缺陷：一方面是文化上的偏激，這一點與革命傳統相同；另一方面是政治上的軟弱無力，這一點又讓它敗給革命。保守－憲政主義傳統則保持了自由革命的中道。」

（〈經過哈耶克重新發現和轉化的傳統〉，頁三三－四三）

秋風這種在思想上向傳統的靠攏，讓他後來進一步轉向了中國傳統中占主導地位的儒家，把他在上文所說的「現代中國的保守－憲政主義」正名為「儒家憲政論」，將「中道的自由主義」中的「自由主義」刪去，只強調「守道才能變制；變制才可守道」的「中道」（《儒家憲政論》，頁二一一），並明確指出，由於傳統文化中的諸子只有儒家自漢武以來能代表中國的「道」，所以「可行而健全的中國式憲政秩序必為儒家憲政」。（《儒家憲政論》，頁二〇二）秋風這一理念上的發展，似乎引起了不少爭議。批評者認為他放棄了自由主義，甚至加入了夢想成為專制政權「國師」的當今政治儒者的隊列。

在這本介紹海耶克政治思想的小書裡，我不打算就中國大陸知識分子間的爭議多加置喙。但從前文秋風就海氏思想中指陳出「理性不及」的傳統制度慣例，以及對傳統改革創新的「內在批評」論述來看，我認為就算我們不一定能同意秋風這一套「儒家憲政論」的觀點，仍不能說這些觀念上的發展，是立基於放棄了海耶克的自由思想所作出的。相反地，就在二〇一六年出版的《儒家憲政論》一書中，秋風依舊堅稱海耶克思想對促成他轉向傳統推了一把，雖然他同時指出在海氏思想影響前已深受歷史學大師錢穆的啟迪（見《儒家憲政論》，xix－xxi）。

秋風如今不再歸宗於自由主義，箇中原因是他將自由主義視之為形成於一八二〇年代的晚近現代意識形態，這跟海耶克所說的老輝格式古典自由主義關係不大。他還指出，英、美、法、德等國的憲政民主制度，並非源於這後起的自由主義意識形態（《儒家憲政論》，頁二一六－二一七）。因此，我認為秋風的最新理念，不能簡單說成與海耶克思想是八竿子打不著的。

◆海耶克與中國自由主義

再回到海耶克與中國自由主義的關係。假若我們把眼光從憲政改革的範疇，轉移到政府公共和財經政策的檢討和芻議，我相信夏道平一九五〇年代起於台灣輿論界中所提出這方面的觀點建議（見《我在《自由中國》》；《自由經濟的思路》），亦是深受海耶克式自由思想所啟發。夏道平之後的吳惠林、謝宗林在這方面的努力（見《台灣自由經濟之路》），正是這傳統的延續。

全面徹底檢視海耶克對戰後中國自由主義的影響，可謂當代中國政治思想和理論研究上相當值得去做的大計畫。

除了上述一九五〇年代到八〇年代間海耶克對戰後台灣自由主義者的影響之外，海耶克思想對九〇年代以降中國在市場改革方面和對自由思想去激進化的保守轉向上也發揮頗大作用。一些大陸知識分子，例如英年早逝的鄧正來先生曾為了譯介海耶克的論說而閉關八年，翻譯、著述了幾百萬文字，不可不謂是值得重視的努力。我希望日後有機會在這方面作進一步的研究和學習。

結束這本小書的末章，將以殷海光先生對中國自由主義思想的執著、改變和探索作為例子，看看海耶克古典自由主義的思想是如何影響且豐富了中國自由主義的發展。

| 第十一章 |

殷海光與海耶克

◆當殷海光遇上海耶克

一九五〇年代初起，殷海光透過周德偉接觸了海耶克的思想，後在海耶克影響之下，對西方古典自由主義有了更深入掌握。

一九五三至一九五四年，他摘要地翻譯了海耶克的《到奴役之路》（即《通往奴役之路》），陸續發表於《自由中國》半月刊。一九六五年又撰寫了闡述海耶克的《自由的憲章》第一部分的重頭文章〈自由的倫理基礎〉（見《殷海光先生文集（二）》，頁七三九－七九一）。海耶克生前先後三次訪問台灣。他一九六五年九月第一次訪問台灣時，殷海光把他發表在《自由中國》的《到奴役之路》的譯注，親自重新校審後編成單行本出版，並撰寫了〈《到奴役之路》自序〉一文，進一步闡釋海耶克的思想。為了趁海耶克到訪之際將其學說介紹給台灣，台灣知識界人士編印了一本討論海耶克思想的文集，內容含括胡適、周德偉等中國自由主義者的文章，殷海光負責作序〈海耶克論自由的創造力——

從「無知論」出發〉（《殷海光先生文集（二）》，頁一二九五－一三〇四），討論海氏的某些知識論觀點。當然，殷海光在別的著作和書信中有不少地方也引述了海耶克的論點，包括他生前最後一部力著《中國文化的展望》。

進一步討論殷先生對中國自由主義思想的拓展之前，容我在此簡要一提海耶克在頭兩次訪問台灣時，與殷海光交往中引起華文學人頗為關注的一件疑案。

一九九八年秋季某次與李慎之的學術對話中，杜維明提到一九六六年九月為海耶克二度訪問台灣時擔當翻譯，海氏留台期間與之朝夕相對（見《風雨蒼黃五十年——李慎之文選》，頁一七〇）。那次海氏訪台，據殷海光在《雜憶與隨筆》記載，海耶克透過許倬雲邀請殷先生面談，然當時蔣介石政權正逼殷先生離開台灣大學，政府某總部的安全人員在土地銀行為海耶克安排一場座談會，舉行前一天的下午竟警告殷先生別出席座談，許倬雲當晚赴殷先生家裡提說海氏邀約往談並請他定個時間時，殷先生告知此事，於是約談就這麼被打消了（《雜憶與隨筆》，頁一六七）。

但杜先生在一九九八年的對話中卻是這樣說的：「我心裡十分清楚，海耶克不要見殷海光，並非全因官方阻撓，更主要的理由是他根本不欣賞殷先生的抗議精神。當然囉，他是反對革命的，他對法國大革命就持反對態度。但我不忍把這個信息告訴許倬雲教授轉給殷先生。海耶克有他的傲慢。他就非常討厭羅素。」（《風雨蒼黃五十年——李慎之文選》，頁一七〇）。

我沒有半分證據去質疑杜先生當時對海耶克的判斷非出自真心。但這跟殷先生一九六五年在海氏初次訪台時的會面交往紀錄，印象完全不同。殷海光和海耶克在那次私人晤談後，寫信給林毓生，非常正面地形容了有關的面談。殷海光除了盛讚海耶克談話中所表現出的「愛智的真誠」之外，還特別說：「我每次提及liberty（自由）一詞，他的歡愉之情簡直溢於顏表。」（《殷海光書信集》，頁一〇五－一〇六）照理說，殷海光的「抗議精神」是爭自由而非搞革命，海耶克為何不欣賞呢？

海耶克對法國大革命的確是持批判的態度，但和柏克一樣，就美國革命對自由的貢獻，他卻有極之正面的評價（CL, 176-192）。此外，海耶克在哲學上並不贊同盧梭和笛卡爾的知識論，而殷先生的思想相當長時間都受這兩位哲學家影響（見下文）。海氏倘因此傲慢對待殷海光，我覺得是有些難以理解的。以我們所知，海耶克對經濟學上的宿敵凱因斯向來都是以禮相待；拿了諾貝爾獎後不久，他還樂於接受一位名不見經傳、不請自來的心理學教授的邀請，自費出席了一場學術研討會，參與討論他當時出版了二十五年還不為人注意的《感覺秩序》相關的學術議題（見*Marginal Men: Weimer on Hayek*, xxv）。

對這一疑案我沒有確定的答案。但假若杜維明所言屬實，那海氏不光是如他所言是「一個很複雜的人」（《風雨蒼黃五十年——李慎之文選》，頁一七〇），更令人費解的還有，他有什麼必要對殷先生如此「傲慢」？

◆殷海光對海耶克自由論的探析

讓我們回到學理的問題上去吧。

在關於自由的概念上，殷氏的〈自由的倫理基礎〉一文，便是依據海耶克在《自由的憲章》第一章所鋪陳出來的格局來進行討論的。例如殷氏的文章同時觸及到消極自由、積極自由、「內在自由」等方面。殷海光在寫給林毓生的信中便清楚指出：「五四人的意識深處並非近代西方意義的『to be free』（求自由），而是『to be liberated』（求解放）。」他又準確指出，「這兩者雖然有關連，但究竟不是一回子事。」（《殷海光先生文集（二）》，頁一三七九）值得一提的是，這方面的概念區分，正是海耶克在《自由的憲章》中所談到對自由概念的第一個大混淆，因為前者是屬於不受其他人或人為的組織（例如政府）恣意強制的個人自由，後者卻是民族、國邦爭取獨立或解放的集體自由。（CL, 13-14）

另外，殷海光也吸納了海耶克對自由整全性的觀點，認為凡是沒有被一般規則禁止的，都是容許的（CL, 19），因為如果要像「人權清單」一般把自由分項，並得明白規定允許後才擁有一項一項的自由，這是「自由遭受威脅時所發生的防護現象」（《殷海光先生文集（二）》，頁七五〇）。殷海光相信：「如果只許有這項自由而不許有那項自由，那麼自由的整全性便遭到破壞……自由很可能完全喪失。」（前引文）

殷海光受了海耶克理念的啟發後，在不少方面的確如前文所說那般發展了中國自由主義的思想，只是在此恕我不能一一盡錄。但如果我們嚴格地作進一步分析，將會發現殷海光在不少關鍵地方其實並沒有真正掌握到海耶克的思想核心，猶且在理解、推介過程中也產生了嚴重的誤解，這在相當程度上削弱了他的自由主義的理論連貫性和說服力。

先從殷海光譯介《到奴役之路》說起吧。殷海光於一九六五年把他譯注的《到奴役之路》結集時，寫了底下一段經常被引述的序言：

中國許多傾向自由主義的知識分子醞釀出「政治民主，經濟平等」的主張。……這個主張的實質就是在政治上作主人，在經濟上作奴隸。我個人覺得這個主張是怪彆扭的。但是，我個人既未正式研究政治科學，更不懂經濟科學。因此，我……說不出一個所以然來。正在我的思想陷於這個困惑之境的時候，忽然讀到海耶克教授的《到奴役之路》這本論著，我的困惑迎刃而解……海耶克教授的理論將自由主義失落到社會主義的經濟理論重新救回來。（《到奴役之路》，殷海光譯，頁一—二）

的確，在殷海光接觸海耶克的論著前，他也是贊成政府管制經濟的。一九五〇年發表〈羅素論權威與個體〉時，他說：「在經濟的場合中，公正被解釋成平等。……經濟公正是一個較新的目標。……社會主義主張，凡具關鍵性的工業和巨大的對外貿易，都由政府管理。照我們看，這是正確的。」（《殷海光先生文集（一）》，頁三七）不過，殷海光對此加了一個前提：「從事管制的政府必須是真真實實由人民選舉而構成人民可以控制的政府。」（前引文）顯然，這正是上述序言殷海光所說的以往中國自由主義者「政治民主，經濟平等」主張的情況。

◆海耶克為何反對經濟平等？

不過，殷海光在譯注了《到奴役之路》之後，是否真的掌握了海耶克反對經濟平等的道理呢？

我想這問題的答案仍然是否定的。在翻譯到《到奴役之路》關於經濟平等的章節時，殷海光在裡頭譯者的話中提到，如果真的要經濟平等，應該以尊重人權為根本出發點。他說：「如果從人權之肯定以謀其實現，那末就是已經預先假設『政治民主』先於『經濟平等』了。因為有而且祇有在『政治民主』中人權才得到明確的承認和切實的保障。在『政治民主』先於『經濟平等』的這一大前提下，要求實現『經濟平

等』既可被看作基本人權之一項，謂之為『經濟人權』可也。」（《到奴役之路》，殷海光譯，頁一一四）

如果大家讀過海耶克對一九四八年聯合國大會採納的國際人權宣言中對經濟及社會權利批評（LLL: MSJ, 101-106）的話，便會知道殷海光這種從基本人權論出發對經濟人權的有條件肯定，還是會和海耶克的理論有直接衝突的。

要清楚說明這個直接衝突點，必須掌握海耶克對自由社會下權利界定的兩個關鍵考慮：

第一、權利和義務是分不開的，所以我們不能單單抽象的談權利，而必須把權利跟有責任維護這權利行使的人或組織連結起來。例如抽象的談生存權利是沒有意義的，除非能清楚界定什麼人或組織有義務去維護這生存的權利。

第二、在保障個人自由的社會中去界定權利，必得根據海耶克說的

「公正行為的規則」(rules of just conduct) 來規範。要保障每個個人的自由，這些規則不能含有歧視性，必須是不涉及有預先設定的實質目的（pre-determined substantive purposes）的，只能是一般形式性（formal）的，否則這些預定目的便會限制了自由人個人選擇的實質目標，影響他們的自由。此外，規則也必須是一般普遍適用於所有規則、職權範圍內的具體情景，畢竟只有這樣才算是法律面前一視同仁。

要滿足這些要求，傳統的政治和公民權利既是針對政府須保障公民有不受恣意侵犯的空間以及平等機會的政治參與權利，所以當然不成問題。但經濟平等式的權利卻意味著要達致某一預設的特定經濟結果，或者起碼是某一預設的特定分配結果，以便「改善經濟生活」（《到奴役之路》，殷海光譯，頁一一五），這便意味著有人或組織（通常就是政府）有義務去促成這一權利規定的結果得以落實。如此一來，有關的規則便不可能徒具形式，而是有實質目標規範，不管個人同意還是不同意，都得接受這一預設的實質目標。

基於此，我們可想像到要政府履行保障這種經濟權利的義務，便得讓政府擁有很大的干涉權。這一點殷海光在他譯注的《到奴役之路》序言中，也意識到是大有問題的。

但在這政府需有大權在握的前提後頭，還牽涉一知識論的假設。那就是如果政府要透過規畫保證這種預設的經濟結果會達致的話，政府必須擁有相當全面的規畫理性和執行能力，制定並推行相關計畫以促成這些經濟權利所保障的結果能夠出現。在這一關鍵處，海耶克的理性有限理論和他的社會哲學認為是不可能的。

◆殷海光真的懂海耶克嗎？

當然，殷海光在譯者的話中清楚表明經濟權利「絕對不能高出於一般人權之上」（《到奴役之路》，殷海光譯，頁一一四）。惟從海耶克的理論來看，這不是主次高低的問題，該屬性質的問題。要透過權利方式達致某種預定的經濟平等，那便唯有把保障獲取此等經濟權利的措施凌駕於保障個人自由的公正行為規則之上，將預設目標加諸到人民那裡去；還要讓政府有充分的權力去推行，並假設政府擁有全部必須的知識來規畫推動，否則說經濟權利便形同空話。殷海光在一九六五年時已撰文介紹海耶克的「無知論」（《殷海光先生文集（二）》，頁一二九五—一三〇四），然在同年出版的《到奴役之路》譯注單行本中譯者的話，仍如上述這樣理解經濟平等的權利，足見他對海耶克的知識論基礎是不怎麼充分了解。

殷海光的〈海耶克論自由的創造力——從「無知論」出發〉這篇文章，乃是在聽了海耶克一九六五年十月在台灣大學演講之後所書，試圖評介海氏對自由社會的知識論基礎的看法。如果我對這篇文章的分析尚可，我認為殷海光對海耶克理論出現的不了解，恰是因為殷海光未真正明白海耶克社會哲學中對知識的看法。

殷海光文中引述海耶克的話指出，人類的知識是很不完備的，我們對於社會的知識尤其不完備（《殷海光先生文集（二）》，頁一二九五）。文章又引述《自由的憲章》的內容說：「人類所知愈多，則一個人所能吸收的部分愈少。……知識劃分愈增，則個人所知愈少。」（CL, 26）殷海光認為這種「知識分殊」（《殷海光先生文集（二）》，頁一二九八）是無可避免的。殷海光進一步說：「我們對於人事界的知識，遠不及對身外自然界之知識精確可靠。但是，我們為了處理人事，又非有對人事界的精確可靠的知識不可。」（前引文）

上述殷海光的分析，恰恰反映了他對海耶克知識論的了解不足。此處跟殷海光分析相關的關鍵問題是，殷海光是正確地指出了我們對人事界和自然界知識的差距，但如果我們要求要在人事界掌握與自然界相若的「精確可靠的知識」，海耶克認為於理論上是做不到的（見本書第三、四章的分析）。這一點，殷海光似乎完全沒有意識到。因此，有限理性對海耶克來說，並不單只是知識愈增長、個人愈無知，而是要求完備知識這方面對海耶克來說不可能。

我們如果了解海耶克在這方面的理論觀點，才會充分明白他為什麼認為社會主義經濟的中央規畫像空中樓閣、全盤西化等同虛妄，以及為什麼強求經濟平等式的權利，會變成他口中的走向奴役之路。殷海光儘管在這些方面是接受了海耶克的結論，可惜卻未能洞識到海氏的理據所在。

◆海耶克的「有限理性」帶來怎樣的社會？

有限理性的情況之下，文化社會秩序從何談起呢？在這方面，海耶克有兩個重要的說法：

第一、由理性主導的設計作成的秩序，只能在有限範圍內適用，畢竟社會文化領域有許多是理性不及的。

第二、儘管單靠理性不可能構成整體的秩序，但很多社會文明的制度和成規，是人類行為互動的、非預先設計出來的結果。例如語言的發展、市場訊息或價格的運作、道德規範的形成、共同法規的演變等等。

從上述例子，我們看到人類透過遵守某些非理性預先設計出來的規則，可以產生整體秩序。儘管人們不一定完全意識到或解釋出所有規則的邏輯道理，卻能在明白應用下進行社會互動。這種互動往往是構成各種自生自發秩序的因由，對這些秩序，海耶克說我們可以有某方面原則上或型態上的掌握理解，並依此作出回應，只是不可能要求全面精確可靠的知識。比方像市場上價格和供需信息反映一定的經濟活動關係，也是我們賴以進行經濟行為決策的根據。但構成該信息所涉及的一切因素（像為何有人想買而另一些人想賣、為何擇此而不擇彼之類），卻是千千萬萬個互動行為，難能全面精確掌握，而市場秩序的建立，也毋須假設必須有這般全面掌握才行。

因此，如何透過這番原則上的理解，加強認識社會中構成自發秩序規則的性質，對保障自由社會的條件可謂至關重要。經濟上倘漠視自由市場運作的規則而妄加干預，不單損害經濟效率，使資源錯配，弄不好還波及個人自由。

同理，欲保障自生自發的秩序和個人自由，法治誠然重要。殷海光在〈海耶克論自由創造力——從「無知論」出發〉一文中，提到法治社會時指出，所謂法治，是「社會沒有類似所謂『舉國一致』的單一目標，……在這樣的社會只有各個人的特殊目標。這樣的社會為各個人的特殊目標之實現而創造機會。」（《殷海光先生文集（二）》，頁一三〇〇）這裡殷海光對海耶克關於法治社會性質的陳述相當準確，奈何他還不夠明白背後的知識論根據，所以法治社會端賴的法律規則於性質上何以要局限於形式性、普遍性，不涉及預設的實質或具體目的，以及構成法治的司法制度和一般性法規（general law）與政策性立法（legislation for specific policy）的分別等重要問題，皆未得到殷海光的重視。

◆殷海光思考上的偏離

夏道平在殷海光逝世後所寫的一篇文章中，曾經這樣形容殷海光：「殷先生心智的努力，確確實實是勤勤懇懇要做到他自己所常說的理知的自由主義者。可是他有個不自覺的內在傾向，卻更接近笛卡兒（即笛卡爾）的唯理主義。」（《殷海光先生文集（二）》，頁一四二三）。

夏道平與殷海光自《自由中國》起相交近二十年，兩人同樣受海耶克思想影響，但夏道平說這是他多年來對殷海光的一個看法。他有機會在一九六〇年代後半某次郊遊時，與殷海光提到這個看法，引出一段「肝膽照人」的談話。殷海光更在談話中自認有這種「氣質與思想的不

契合」。（前引文）

興許是這個原因，殷海光在觀念上即便接受了海耶克關於有限理性方面的不少論斷，背後卻因為他那種唯理主義傾向使然，不大容易真的去了解海耶克論斷的理論根據，出現了上文我提到的認識上的偏差。

在一九五五年發表的〈論科學與民主〉（《殷海光先生文集（一）》，頁一八七－二〇八）一文中，殷海光羅列了現代科學的七大基本性質。其中第二點的懷疑論，他認為是「科學知識之母」（《殷海光先生文集（一）》，頁一八九），並對笛卡爾推崇備至，提到笛卡爾的「有系統的懷疑」可以「一直推敲下去，希望到無可懷疑之點為止。再從這無可懷疑之點出發，逐步建立起確定的知識。」（《殷海光先生文集（一）》，頁一九〇）可見在這方面，橫梗在殷海光思想中的「直到無可懷疑之點」然後「逐步建立起確定的知識」這一唯理的要求，被認為是中國自由主義從五四以來必須走的中國科學與民主的道路。

在這篇文章中，殷海光反覆論證「民主必須科學」和「科學必須民主」（《殷海光先生文集（一）》，頁一九八－二〇八）。這位接受了這種唯理實證理念的五四運動後期人物，一九五〇年代初開始受海耶克的古典自由主義啟發，雖在戰後台灣保著中國自由主義命脈之餘，但在思想拉鋸間卻產生了不少混淆。

前文提到，海耶克的出現，使受他影響的中國自由主義者不再像以前五四自由主義者那般，對中國傳統採取敵視立場。晚年的殷海光於此也有類似的轉向。不過，就是在早年，殷海光即使自認是個反傳統主義者，卻不認為應該要破壞傳統。他在一九五五年發表的〈傳統底價值〉（《殷海光先生文集（一）》，頁一六五－一八五）中把中國傳統比作「破衲頭」，「一件破衲頭固不足以禦寒，但你驟然把它扯下，足以使人患肺炎。」（《殷海光先生文集（一）》，頁一八二）在同一篇文章中，殷海光相信「有而且只有科學與民主，才能使中國起死回生」（《殷海光先生文集（一）》，頁一七六）。可不幸的是，「支配中國數千年之久的這個傳統，竟是與科學和民主這樣不接近。」（《殷海光先生文集（一）》，頁一七八）那麼，應如何在不破壞傳統之餘，引入科學與民主呢？

◆中國文化應有創造性走向

殷海光在後期的《中國文化的展望》中清楚批評了「中體西用」的改革是行不通的，因為體用並非截然二分，豈可隨意割開然後又隨意組合（《中國文化的展望（下）》，頁三九三—四一七）。他更認為，「創造文化與保存文化在實際上是不能分離的。如果沒有保存文化，那末就沒有文化的本錢。如果沒有文化的本錢，那末憑什麼來創造？」（《中國文化的展望（下）》，頁三八〇—三八一）。

因此，晚年的殷海光對民主、自由、傳統道德的關係，有了不同的看法。他主張：「就中國而言，僅僅有科學及民主是不夠的！道德更有基本的重要性。……縱然為中國古代社會所設計的德目已不適合一個激

變而又翻新的時代，這並不涵蘊不要道德。……人間沒有道德，怎樣活得下去。」（《殷海光先生文集（二）》，頁九九九）

這種種立場、觀點，不單表現了對傳統的親和性，且也開始接近海耶克對文化創新、改革和承傳是互動而不能分割的思路。殷海光也在這期間與林毓生的通信中，大大推許後者初步所提出對中國文化要有「創造性轉化」的構思（《殷海光先生文集（二）》，頁一三七八－一三八〇）。

可惜殷海光英年早逝，不到五十歲的天命之年便於一九六九年因病辭世。他在關於中國自由主義面對的重大課題上，僅留下一些張灝所說的「片斷的，而非系統的」，以及「朦朧的……非清晰的」（《殷海光先生文集（二）》，頁一四三二）看法。

我同意夏道平所說的，在殷海光離世後去猜想如果他健在，會怎樣改變對傳統的想法這個問題，「是沒有什麼意義的。」（《殷海光先生文集（二）》，頁一四三九）但我覺得底下兩點似是可以肯定的：

第一、戰後中國自由主義在台灣從激烈的反傳統，回到思索如何在中國文化脈絡下發展現代文明中的自由、民主、法治，是中國現代思想史上的一個重大改變。在這方面，海耶克的古典自由主義思想不啻發揮了關鍵性的影響。殷海光儘管未能作出原創性的建樹，但他肯定是一位有啟發性的領頭推動者。

第二、在理論的深度和廣度上，殷海光容或因為本文所指出的種種誤解矛盾，未必能算得上是大有貢獻的中國自由主義者。但了解他一生的人，大概都會同意林毓生所說的「殷先生的不朽」。他憑著對民主自由的無比「強烈道德熱情」（《殷海光先生文集（二）》，頁四－五），面對一生的橫逆，仍堅持以「雖千萬人吾往矣」那股傳統士大夫所懷的弘毅精神，為理想作出死而後已的投身。這正是從人生實踐上，以中國傳統極珍視推崇的一種道德人格來爭取民主自由的明證。從這層意義來看，殷海光這位中國自由主義者在自由民主的追尋上，所憑藉的傳統資源，又豈只是「一件破衲頭」呢？

結語

殷海光晚年的書信中，記錄了他一次和林毓生父母的長談，直說這讓他「上了真正的中國文化一課」（《殷海光先生文集（二）》，頁一三七四）。

這次長談，其實是平平實實的閒話家常。他們談往事，娓娓道來，看見的是傳統中普通小雇員所踐行的不見利忘義的美德。他們也談及一位王先生，在這裡，林毓生母親說的話——「殷先生，你讀書很多。可是，書是書，道是道。」——殷海光說他不大能分析，卻從話中的樸素誠懇，深深感悟到「許許多多的意識活動，是文化地從這樣的根源出發」，而不盡然非得要什麼「邏輯的推演機」！

他們最後談孫兒，殷海光旁觀林老先生看到孫兒「臉上頓時笑開了花」所流露出的自然真情，從中窺見中國人對祖先後嗣永恆不息的一股類宗教的莊嚴感。在那一刻，不禁覺得「什麼言詞都是多餘的」。殷海光在記錄這個片段時所呈現的感受頗有意思，因為這正反映了中國傳統文化真切又樸實的一面，折射出超越言詮式認知的人情、歸屬、莊嚴、認同種種體會來（《殷海光先生文集（二）》，頁一三七四－一三七六）。

身為盡其一生用理性去追尋和維護「把人當人」的中國自由主義者，殷海光於上述場景中，如此深受中國文化特質所觸動。這是否體現了傳統中那些難能完全明言的淑世情懷，以及自由人的品格和承擔其實是可以共融呢？

延伸閱讀

海耶克著作等身，目前他的著作全集的出版計畫，由第三任主編布魯斯．考德威爾（Bruce Caldwell）負責，芝加哥大學出版社出版。迄今為止已出版共有二十冊海耶克的著作。這計畫還在進行中，是目前最全面收錄海耶克著作的出版計畫。詳情請參見http://www.press.uchicago.edu/Misc/Chicago/320685.html。

讀者如只想讀一部海耶克的著作以了解其政治社會思想，輕可選擇《通往奴役之路》（*The Road to Serfdom*），較為全面者便應細讀《自由的憲章》（*The Constitution of Liberty*）。想要同時掌握海耶克對經濟學和社會科學方法學上的關鍵論點，則必須參考《個人主義與經濟秩序》（*Individualism and Economic Order*）。要全面了解他在方法學上的論點，便必須翻閱《科學的反革命——理性濫用之研究》（*The Counter Revolution of Science*）和頗為難讀的《感覺秩序》（*The Sensory Order*）。

海耶克三冊的《法、立法與自由》（*Law, Legislation and Liberty*）是他一生的代表作。但他生前出版的最後一本書《致命的自負》（*The Fatal Conceit*），不少論者認為是不可靠的，因為海氏那時健康已大不如前，不少內文是由編者加進去的，不一定代表海耶克本人的定見。

評論海耶克思想方面的著作，同樣汗牛充棟。簡要推薦其中具代表性的書籍，我認為考德威爾的《海耶克的挑戰》（*Hayek's Challenge*）是部傑出的海耶克思想傳記。如果希望單讀一本書便能窺見海耶克廣博的學識，不妨細讀愛德華・費瑟（Edward Feser）編的《劍橋導讀：海耶克》（*The Cambridge Companion to Hayek*）。錢德蘭・庫塔薩斯（Chandran Kukathas）的《海耶克與現代自由主義》（*Hayek and Modern Liberalism*）是一部從哲學角度討論海耶克思想的好書。約翰・格雷（John Gray）的《海耶克論自由》（*Hayek on Liberty*）和安德魯・甘布爾（Andrew

Gamble）的《自由的牢籠：海耶克》（*Hayek: The Iron Cage of Liberty*）都是相當值得參考的批判性評論。賽門・葛利菲茲（Simon Griffiths）的《與宿敵交鋒：海耶克與左翼》（*Engaging Enemies: Hayek and the Left*）集中分析海耶克的古典自由主義思想如何影響並修正了部分左翼傾向知識分子對社會主義的想法，是一部有意思的參考著作。至於想了解海氏生平，《海耶克論海耶克》（*Hayek on Hayek*）是一部自述式的傳記著作，頗值一讀。亞蘭・艾伯斯坦（Alan Ebenstein）的《海耶克的思路之旅》（*Hayek's journey : the mind of Friedrich Hayek*）也是介紹海耶克不同階段思想發展的不錯參考書。

中文評論方面，秋風的《漫說哈耶克》是一本不錯的通俗著作。黃春興和陳善瑜編的《海耶克思想的繼承與發展》收錄了二〇一四年八月在台中逢甲大學第十屆華人海耶克學會的研討會中，評論和引用海耶克政治經濟思想的論文。這書可以讓讀者了解到當前一些華文界學者如何評價海耶克，以及怎樣受他的影響。吳惠林的《台灣自由經濟之路》裡頭篇章，對海耶克思想有很不錯的精確介紹。何信全的《海耶克自由理論研究》屬於較早期研究海耶克的專書，今天還可以參考。比較深入專門的介紹，可以讀鄧正來的《規則，秩序，無知：關於哈耶克自由主義的研究》。

幾位受海耶克影響但在思想上獨當一面的華人學者，例如周德偉、夏道平、殷海光、林毓生、秋風等人的著作，對直接或間接了解海耶克的思想也十分有幫助。（請參考本書第十、十一章作初步的了解，亦可參考所附的「參考書目」列出的相關著作，進行延伸閱讀）。

著作及引用書目

中文

殷海光，《中國文化的展望（下）》，《殷海光全集》第二冊，台北：台大出版中心，二〇一一年。

〈以預言者的姿態捍衛言論自由：紀念哈耶克《通向奴役之路》出版七十周年〉，http://dajia.qq.com/blog/349687040695575.html，二〇一四年五月二十一日。

吳惠林，《台灣自由經濟之路》，台北：華泰，二〇〇二年。

夏道平，《自由經濟的思路》，台北：遠流，一九八九年。

夏道平，《我在《自由中國》》，台北：遠流，一九八九年。

弗格森，《文明社會史論》，林本椿、王紹祥譯，遼寧教育出版社，一九九九年。
海耶克，《到奴役之路》，殷海光譯，《殷海光全集》第四冊，台北：台大出版中，二〇一一年。
李慎之，《風雨蒼黃五十年——李慎之文選》，香港：明報出版社，二〇〇三年。
海耶克，《個人主義與經濟秩序》，夏道平譯，台北：遠流，一九九三年。
殷海光，《殷海光先生文集（一）》，台北：桂冠，一九八二年。
殷海光，《殷海光先生文集（二）》，台北：桂冠，一九八二年。
殷海光，《殷海光書信集》，《殷海光全集》第拾冊，台北：桂冠，一九九〇年。
亞當・斯密，《道德情操論》，蔣自強等譯，北京：商務印書館，一九七七年。
秋風，〈經過哈耶克重新發現和轉化的傳統〉，見周德偉，《自由哲學與中國聖學》，北京：中國社會科學出版社，二〇〇四年，頁一一二九。
熊自健，《當代中國思潮述評》，台北：文津，一九九二年。
姚中秋〔秋風〕，《儒家憲政論》，香港：香港城市大學出版社，二〇一六年。
王元化、林毓生，〈關於文明物質化、庸俗化與異化的通信〉，《中國書評》第三輯，二〇〇五年十二月，頁二〇五－二〇九。

外文引用書目縮寫

CL——F. A. Hayek, *The Constitution of Liberty*, Chicago: The University of Chicago Press, 1960.
CRS——F. A. Hayek, *The Counter Revolution of Science: Studies on the Abuse of Reason*, Indianapolis: Liberty Press, 1952/1979.
CSAL——R. Cristi, *Carl Schmitt and Authoritarian Liberalism*, Cardiff: University

of Wales Press, 1998.

D O M——F. A. Hayek, *Denationalisation of Money: The Argument Refinded*, The Institute of Economics Affairs, 2nd Edition, 1978.

F C——F. A. Hayek, *The Fatal Conceit: The Errors of Socialism*, W. W. Bartley III (ed.), London: Routledge, 1988.

H O L——J. Gray, *Hayek on Liberty*, London: Basil Blackwell, 3rd edition, 1988.

I D T P C—— G. Gaus, "Ideological dominance through philosophical confusion: Liberalism in the twentieth century," in M. Freeden (ed.), *Reassessing political ideologies: The durability of dissent*, New York, NY: Routledge, 2001, 13-34.

I E O——F. A. Hayek, *Individualism and Economic Order*, Chicago and London: The University of Chicago Press, 1948/1980.

LLL: MSJ——F. A. Hayek, *Law, Legislation and Liberty, Volume II: The Mirage of Social Justice*, London and Henley: Routledge & Kegan Paul, 1976.

LLL: POFP——F. A. Hayek, *Law, Legislation and Liberty, Volume 3: The Political*

Order of a Free People, Chicago: The University of Chicago Press, 1979.

LLL: RO——F. A. Hayek, *Law, Legislation and Liberty, Volume 1: Rules and Order*, London and Henley: Routledge & Kegan Paul, 1973.

R P O E——M. Oakeshott, *Rationalism in politics and other essays*, London and New York: Methuen, 1962/1981,

R S——F. A. Hayek, *The Road to Serfdom*, Chicago: The University of Chicago Press, 1944/1972, with a new Preface by the author, 1976.

S P P E——F. A. Hayek, *Studies in Philosophy, Politics and Economics*, Chicago: The University of Chicago Press, 1967.

T S O——F. A. Hayek, *The Sensory Order: An Inquiry into the Foundations of Theoretical Psychology*, London: Routledge & Kegan Paul, 1952.

V C——E. Shils, *The Virtue of Civility: Selected Essays on Liberalism, Tradition, and Civil Society*, S. Grosby (ed.), Indianapolis, Indiana: Liberty Fund, 1997.

參考書目

中文

王元化、林毓生，〈關於文明物質化、庸俗化與異化的通信〉，《中國書評》第三輯，二〇〇五年十二月，頁二〇五－二〇九。

亞當·斯密，《道德情操論》，蔣自強等譯，北京：商務印書館，一九七七年。

弗格森，《社會文明史論》，林本椿、王紹祥譯，遼寧教育出版社，一九九九年。

何三畏，〈以預言者的姿態捍衛言論自由：紀念哈耶克《通向奴役之路》出版七十周年〉，http://dajia.qq.com/blog/349687040695575.html，二〇一四年五月二十一日。

何信全，《海耶克自由理論研究》，台北：聯經，一九八八年。

李慎之，《風雨蒼黃五十年——李慎之文選》，香港：明報出版社，二○○三年。

林建剛，〈從拉斯基到哈耶克：胡適思想變遷中的西學〉，見《理論視野》，二○一三年十月，頁六一－六三。

林毓生，《政治秩序與多元社會》，台北：聯經，一九八九年。

吳惠林，《台灣自由經濟之路》，台北：華泰，二○○二年。

周德偉，《自由哲學與中國聖學》北京：中國社會科學出版社，二○○四年。

秋風，〈經過哈耶克重新發現和轉化的傳統〉，見周德偉《自由哲學與中國聖學》北京：中國社會科學出版社，二○○四年，頁一－二九。

——《漫說哈耶克》，北京：中信出版社，二○一三年。

姚中秋（秋風），《儒家憲政論》，香港：香港城市大學出版社，二○一六年。

海耶克，《個人主義與經濟秩序》，夏道平譯，台北：遠流，一九九三年。

——《到奴役之路》，殷海光譯，《殷海光全集》第四冊，台北：台大出版中心，二〇一一年。

殷海光，《殷海光先生文集（一）》，台北：桂冠，一九八二年。

——《殷海光先生文集（二）》，台北：桂冠，一九八二年。

——《雜憶與隨筆》，《殷海光全集》第玖冊，台北：桂冠，一九九〇年。

——《殷海光書信集》，《殷海光全集》第拾冊，台北：桂冠，一九九〇年。

——《中國文化的展望（上）》，《殷海光全集》第一冊，台北：台大出版中心，二〇一一年。

——《中國文化的展望（下）》，《殷海光全集》第二冊，台北：台大出版中心，二〇一一年。

夏道平，《我在《自由中國》》，台北：遠流，一九八九年。
——《自由經濟的思路》，台北：遠流，一九八九年。
黃春興、陳善瑜主編，《海耶克思想的繼承與發展》，台中：逢甲大學出版社，二〇一五年。
張世保，〈「拉斯基」還是「哈耶克」——中國自由主義思潮中的激進與保守〉，見高瑞泉編，《自由主義諸問題》，上海：上海古籍出版社，二〇一二年，頁三一—三三。
張佛泉，《自由與人權》，香港：亞洲出版社，一九九五年。
熊自健，《當代中國思潮述評》，台北：文津，一九九二年。
鄧正來，《規則，秩序，無知：關於哈耶克自由主義的研究》，北京：生活・讀書・新知三聯書店，二〇〇四年。

英文

B. Caldwell, *Hayek's Challenge: An Intellectual Biography of F. A. Hayek*, Chicago &

London: The University of Chicago Press, 2004.

R. Cristi, *Carl Schmitt and Authoritarian Liberalism*, Cardiff: University of Wales Press, 1998.

A. Ebenstein, *Hayek's journey: the mind of Friedrich Hayek*, New York: Palgrave Macmillan, 2003.

E. Feser (ed.), *Cambridge Companion to Hayek*, 2006.

A. Gamble, *Hayek: The Iron Cage of Liberty*, Cambridge: Polity Press, 1996.

G. Gaus, "Ideological dominance through philosophical confusion: Liberalism in the twentiethcentury," in M. Freeden (ed.), *Reassessing political ideologies: The durability of dissent*, New York, NY: Routledge, 2001, 13-34.

J. Gray, *Hayek on Liberty*, London: Basil Blackwell, 3rd edition, 1988.

S. Griffiths, *Engaging Enemies: Hayek and the Left*, London & New York: Rowman & Littlefield International, 2014.

F. A. Hayek, *The Road to Serfdom*, Chicago: The University of Chicago Press, 1944/1972, with a new Preface by the author, 1976.

F. A. Hayek, *Individualism and Economic Order*, Chicago and London: The University of Chicago Press, 1948/1980.

F. A. Hayek, *The Sensory Order: An Inquiry into the Foundations of Theoretical Psychology*, London: Routledge & Kegan Paul, 1952.

F. A. Hayek, *The Counter Revolution of Science: Studies on the Abuse of Reason*, Indianapolis: Liberty Press, 1952/1979.

F. A. Hayek, *The Constitution of Liberty*, Chicago: The University of Chicago Press, 1960.

F. A. Hayek, *Studies in Philosophy, Politics and Economics*, Chicago: The University of Chicago Press, 1967.

F. A. Hayek, *Law, Legislation and Liberty, Volume 1: Rules and Order*, London and Henley: Routledge & Kegan Paul, 1973.

F. A. Hayek, *Law, Legislation and Liberty, Volume 2: The Mirage of Social Justice*, London and Henley: Routledge & Kegan Paul, 1976.

F. A. Hayek, *Denationalisation of Money: The Argument Refinded*, The Institute of

Economics Affairs, 2nd Edition, 1978.

F. A. Hayek, *New Studies in Philosophy, Politics, Economics and the History of Ideas*, London: Routledge & Kegan Paul, 1978/1990.

F. A. Hayek, *Law, Legislation and Liberty, Volume 3: The Political Order of a Free People*, Chicago: The University of Chicago Press, 1979.

F. A. Hayek, "*The Sensory Order* after 25 years," in W. B. Weimer and D. S. Palermo (eds.), *Cognition and the symbolic process*, Mahwah, NJ: Lawrence Erlbaum Associates, 1982, 287-293.

F. A. Hayek, *The Fatal Conceit: The Errors of Socialism*, W. W. Bartley III (ed.), London: Routledge, 1988.

S. Kresge and L. Wenar (eds.), *Hayek on Hayek: an autobiographical dialogue*, London: Routledge, 1994.

C. Kukathas, *Hayek and Modern Liberalism*, Oxford: Clarendon Press, 1990.

W. B. Weimer, "Marginal Men: Weimer on Hayek," in Leslie Marsh (ed.), *Hayek in Mind: Hayek's Philosophical Psychology, Advance in Austrian Economics*, Vol. 15,

2011, xxv-xxxviii.

C, Menger, *Principles of Economics*, trans. J. Dingwall & B.. F. Hoselitz, with Introd. by F. A. Hayek, New York: New York University Press, 1981.

M. Oakeshott, *Rationalism in politics and other essays*, London and New York: Methuen, 1962/1981,

E. Shils, *The Virtue of Civility: Selected Essays on Liberalism, Tradition, and Civil Society*, S. Grosby (ed.), Indianapolis, Indiana: Liberty Fund, 1997.

A. Smith, *An Inquiry Into the Nature and Causes of the Wealth of Nations*, Volumes 1-2, Indianapolis, Indiana: Liberty Press, 1981.

本書作者已發表的評論海耶克的學術著作

Chor-yung Cheung, "Hayek on the 'Great Society': Knowledge, Abstract Rules and the Dethronement of Politics," in Chor-yung Cheung, *The Quest for Civil Order: Politics, Rules and Individuality*, Exeter & Charlottesville: Imprint Academic, 2007, 51-95.

Chor-yung Cheung, "Can The Sensory Order Defend the Liberal Self?," in Leslie Marsh (ed.), *Hayek in Mind: Hayek's Philosophical Psychology, Advance in Austrian Economics*, Vol. 15, 2011, 219-239.

Chor-yung Cheung, "Hayek on Nomocracy and Teleocracy: A Critical Assessment," in *Cosmos + Taxis: Studies in Emergent Order and Organization*, Vol. 1, Issue 2, 2014, 24-31.

Chor-yung Cheung, "The Critique of Rationalism and the Defense of Individuality: Oakeshott and Hayek," in *Cosmos + Taxis: Studies in Emergent Order and Organization*, Vol. 1, Issue 3, 2014, 3-10.

Chor-yung Cheung, "Oakeshott, Hayek and the Conservative Turn of Chinese Liberalism," in Noel K. O'Sullivan (ed.), *The Place of Michael Oakeshott in Contemporary Western and Non-Western Thought*, Exeter: Imprint Academic, 2017, 160-180.

Wings

弗雷德里希・海耶克

2018年12月初版　　定價：新臺幣290元

著　者	張楚勇
叢書編輯	黃淑真
特約編輯	林碧瑩
校　對	吳美滿
內文排版	林婕瀅
封面設計	兒日
編輯主任	陳逸華

出版者	聯經出版事業股份有限公司
地址	新北市汐止區大同路一段369號1樓
編輯部地址	新北市汐止區大同路一段369號1樓
叢書編輯電話	(02)86925588轉5322
台北聯經書房	台北市新生南路三段94號
電話	(02)23620308
台中分公司	台中市北區崇德路一段198號
暨門市電話	(04)22312023
台中電子信箱	e-mail：linking2@ms42.hinet.net
郵政劃撥帳戶第	0100559-3號
郵撥電話	(02)23620308
印刷者	世和印製企業有限公司
總經銷	聯合發行股份有限公司
發行所	新北市新店區寶橋路235巷6弄6號2樓
電話	(02)29178022

總編輯	胡金倫
總經理	陳芝宇
社長	羅國俊
發行人	林載爵

行政院新聞局出版事業登記證局版臺業字第0130號

本書如有缺頁，破損，倒裝請寄回台北聯經書房更換。　ISBN 978-957-08-5225-7 (平裝)
電子信箱：linking@udngroup.com

國家圖書館出版品預行編目資料

弗雷德里希・海耶克/張楚勇著．初版．新北市．聯經．
2018年12月（民107年）．232面．14×21公分（Wings）
ISBN 978-957-08-5225-7（平裝）

1.海耶克（Hayck, Friederich A. von(Friedrich August),
1899-1992）
2.學術思想　3.經濟思想

550.1872　　107019911